走過的歲月

李玉著

文史哲出版社印行

國家圖書館出版品預行編目資料

走過的歲月 / 李玉著. -- 初版. -- 臺北市 : 文史哲, 民 88
面 ; 公分. -- (文學叢刊 ; 87)
ISBN 957-549-191-2 (平裝)

857.63　　88002350

文學叢刊 ⑧⑦

走過的歲月

著者：李玉
出版者：文史哲出版社
登記證字號：行政院新聞局版臺業字五三三七號
發行人：彭正雄
發行所：文史哲出版社
印刷者：文史哲出版社
臺北市羅斯福路一段七十二巷四號
郵政劃撥帳號：一六一八〇一七五
電話 886-2-23511028・傳眞 886-2-23965656

實價新臺幣二四〇元

中華民國八十八年三月初版

ISBN 957-549-191-2

人生到處知何似，
應似飛鴻踏雪泥；
泥上偶然留指爪，
鴻飛那復計東西。
——蘇軾

李冰序「走過的歲月」

文藝小說不超越現實，它取材自人類生活層面，其中的人物就在我們身邊，也許我們亦在其中，因此，時代的演化與進步，常會影響到小說中人類的生活方式，例如，這新世代所謂的「新新人類」，他們的生活言行都脫離了上一代的規範，創造出一個新的生活方式，有者甚至在「只要我喜歡，有什麼不可以」的我行我素下，放蕩不羈，生活脫序，於是社會問題頻頻發生，甚至嚴重影響威脅到一般人的正常生活，使我們不能不警覺到這一轉化的嚴重性，於是政府開出「心靈改造」這帖藥方。

時代的演化，是促使人類生活的進步，對人類的本性不該移位，「人之初，性本善」亦非詡言，我認為不管生活如何進步，人類理性不可泯滅，因為社會結構除硬性的法律規範外，理性是維護安全最根本的元素。所謂的「心靈改造」也是強調這一元素。讀了李玉的《走過的歲月》，看到書中那些不起眼的小人物，他們都能站在自己生活的位置上，「嚴以律己，寬以待人」，發揮了高度的愛心和理性，維護了安定的社會秩序，由此亦聯想到，不管時代如何進步，人類理性不可泯滅，人性永遠是人性，不可因科學進步而有任何偏悖與移位。

讀過李玉的詩，欣賞過他的攝影藝術，沒想到他還有一枝創作小說的妙筆，而且寫得那麼得心應手的落實在生活的土壤裡。他曾在加工出口區工作過，在其作品也多取材自這一層面，從工廠的大老闆，到生產線上的女性作業員，寫他們安於工作崗位的求取生活，寫他們從貧窮中走向富裕，這是一部台灣由農業社會轉型工業社會的紀錄，也是一部從經濟蕭條進步到繁榮的寫真。從這部作品中，你可以領悟到一個人應該怎樣的活著，應該怎樣在群體中生活。全書中沒有說教、口號，只是在主題的潛移默化中來感動讀者，感染讀者，使大家都能站在自己崗位上，做好人，做好事，在群體中追求共同的利益與幸福。

《走過的歲月》中，共選入十七篇小說，也都是報章雜誌發表過的作品，在這些作品中，每篇都揭示了鮮明而健康的不同主題，如「老裘」中的老裘，情願跳進圈套中拯救老闆；「螢火蟲」中不求人知義舉善行的丁一；「根」中〈國強〉的懷鄉情愫、愛國情操；「雲且留住」中的知福惜福、熱心施捨的愛心；「戈秀美的第二春」的知過能改浪子回頭；「福人福地」中的知恩圖報、回饋社會‧‧‧。全集人物的塑造，都是那樣熟悉，那麼突出，一個個都活生生的站在我們面前，好像我亦擠身其中，與他們生活在一起，安謐和諧中，一種善良親切的德性激盪著我，我想讀者欣賞這部作品時亦會有同樣的衝動。

李玉醉心於攝影藝術，故文字作品不多，一九九六年曾出版《心弦詩集》的處女集，這本《走過的歲月》是他小說的處女集。不過我認為「山不在高，有仙則名，水不在深，有龍則靈」，作品也是在精而不在眾。李玉的小說無論題材的捕捉、情節的發展、人物的塑造、主題的呈現、語詞的結構上都很細心的處理，不造作、不誇張、拋棄了說故事的巢臼，在描寫與對話中推動情節，在人物活動中呈現主題，因此，我認為他的小說比詩更佳，更落實，更能展現人類善良的理性。

《走過的歲月》的出版，應該是文壇上一件喜事，因為在強調「心靈改造的今天，它是一襲燭光，一滴甘露，雖不敢說能全面施惠，但如果能與這部作品中的人物生活在一起，則社會安寧天下太平矣！

自序

湖南家鄉有兩句鼓勵人學習的土話：「草鞋沒樣，邊打邊像」，我想摸索寫作也是如此。

我是個極平凡的人，生在湖南一個貧困的鄉村，成長在苦難的年代，一生平凡的工作，平凡的學識，一支平凡的筆，寫周圍平凡的人，平凡的事，想不讓它在平凡的歲月中偷偷的溜走，人說：「平凡就是偉大」，但我是真實的平凡。

我不懂什麼寫作技巧，什麼小說大堆的理論，只是很直覺地把人與事和盤托出，好比一位純樸的村姑，不懂得化妝就出來見客。記得是在民國七十三年加工出口區徵文時，我厚著臉皮，鼓足最大的勇氣，寫了一篇小說—現代唐•吉訶德」應徵，出乎意料的竟拿到第一名，也讓各作家跌破眼鏡，認為「老生可畏」因此食髓知味，每年必寫篇小說，有時詩歌、散文全上，從此每年的徵文，也成了心中的一條鞭，這條鞭始終在心頭高高揚起，到今天似乎未曾放下。本集收錄的作品，是由此而來，內容大多是加工區的人與事，原因在此，同時加工區也是個人虛度廿年生命的地方。

從小就做過「作家夢」，這個夢在垂老之年開始寫作時仍未醒來，只是想藉寫作打發退休後不知長短的歲月，因而詩歌、小說、散文、民俗相聲、戶外攝影都去摸一摸，朋友誇我是多才多藝，其實我只是想多開幾個窗，讓大腦馳騁的空間更寬廣，讓老年的灰濛生命加一點翠綠而已！

在此感謝李冰老師，百忙中為我寫勉勵有嘉的序文，還逐字逐句的勘誤錯漏，比老師還老師，個人何其有幸啊！飲水思源，感謝當年亦師亦友的加工區區刊汪主編德駿先生，他在我心中揚起的那條鞭！也謝謝慎政、慎德兩個兒子的電打編排，暨高雄市文化基金會的獎助，得以順利付梓。

李玉〈楚鄒〉謹識於懷沖齋

一九九九年元旦

走過的歲月 目錄

現代・唐・吉訶德

老唐這種人，一般人認為他的行為「怪異」，稱他為「神經」而不名，韓愈有云：「世有伯樂，然後有千里馬，千里馬常有，而伯樂不常有。」曲高和寡，怎能責怪曲者呢？

我第一次正式與老唐接觸，是在多年以前擔任外勤的時候，偵辦K公司一位女作業員竊盜案。記得那天從第四出入口帶人回隊，已經是晚上十二點了，累了一整天也該休息了，本能地打著哈欠，伸了一個懶腰，想把人犯銬住，待明天再辦也不遲，何況又被人贓俱獲，鐵證如山的案子，也不會有什麼變化的。一回頭看到她可憐兮兮的縮做一團，淚汪汪的在抽搐飲泣，天氣又冷，又連想到為人父母者牽腸掛肚，倚門盼望兒女夜深未歸的心情，而決意做完筆錄交保，明天再補辦指紋照相，也是件便民之舉。

為了省時間，讓她能早點回家，在未問之先就要她找保人，但一看她的身分證，家住M鎮，深更半夜的，除了自己的父母兄弟，誰又願來作保呢？但料想不到，她毫不猶豫的拿起電話便撥，胸有成竹似的，只聽他怯怯的說：「拜託請叫唐老爹聽電話．．．老爹．．．我是冬妹，現在在隊部，快來保我！」說完又是一陣哭，想不到筆錄還沒寫幾行，所謂的唐老爹，原來就是唐神經嘛！果然來了，一見面那份親切關懷之情，就是親生父母也不過如此，他看到桌上的贓物，是怎麼回事，也不必問了。

「冬妹，你這孩子，怎麼做這種糊塗事！我不是經常告訴你們，公司的一草一木，就是一顆螺絲釘都不可拿，為什麼不聽話呢！年紀輕輕的就留下一個汙點，唉！怎麼辦？」不住的搖頭嘆息。

冬妹顫抖地說：「老爹，對不起，請不要生氣啦！」

老唐又鞠躬又哈腰向我懇求：「李兄，拜託寫好一點，小孩子不懂事，不知道事情的厲害，高抬貴手吧！」

我說：「小案子，又是初犯，法院可能不會關，切記切記以後再不能犯錯！」

他滿嘴：「謝謝……是是……。」

掏出身分證，我看上面的記載：唐偉傑，河南人，民國八年生，K公司守衛，未婚，退役士官。一臉忠厚老實相，原以為七老八十的，也不是五十多歲，女孩們叫得如此親熱，總覺得不簡單，可能又是乾女兒，過一段時間就變「濕」妻子那老套，搞得不好遇上仙人跳那就慘了。基於職業警覺，應該提醒他，防範未然，免得身敗名裂。

有一天晚上，趁空勤之便去K公司找老唐「聊天」，他一看到我，老遠就舉手敬禮打招呼，歡喜不迭的說：「歡迎歡迎」，我說來意，專程來聊天的，他那熱忱的態度，爽朗的笑聲，使人有如沐春風之感，我恐怕他有所顧忌，便說：「老唐，不要有黃鼠狼替老母雞拜年的想法啊！」我拍拍他的肩，一陣笑。

「李兄，你說哪裡話，我們的工作本來就是一體的嘛，即使要打聽什麼，也是為了區內的治安，我一定知無不言，言無不盡，又何必客套呢！」他隨即入警衛室沏了兩杯香噴噴的凍頂烏龍茶，也打開了他塵封的回憶。

他從小就在家裡種莊稼，沒讀幾年書，二十歲那年應徵入伍，從二等兵幹起，憑著命大、勇敢，一直爬到陸軍士官長。剿匪抗日，走過大江南北，出生入死，經歷數不清的大小戰役，及一切軼聞掌故，說得眉飛色舞，說到英勇事蹟，深怕我不信，很激動的捲起袖子，提起褲管，讓我看他胳臂上、腿上、肚邊的累累槍彈疤痕，一個個似少女甜美的酒渦，也是一座座榮譽勳章，在一陣喟嘆中停住了，仰著頭看一看滿天星斗，悠悠浮雲。

「老唐，你真是勞苦功高，令人敬佩，唉！想不到當年打日本鬼子，到今天卻來替日本鬼子看大門，真是捉弄人，你的感想如何！」

「你說的一點也不錯，有些同事聽說我在日本人的公司當守衛，他們罵我沒骨氣，還要與我絕交，但我不這麼想，日本的侵略戰爭，只是少數幾個野心份子挑起來的，日本老百姓也是身不由主，他們也是受害者。勝利後，先總統蔣公為國家民族，為世界大局都不計舊惡，以德報怨，我們今天為什麼還計較這些呢？政府花了這麼多的錢來開發加工出口區，就是要引進人家的資本技術，來發展繁榮我們的經濟，讓大伙有工作、有錢賺，替誰看大門都是一樣，人家外國人相信我們，下班了，把這麼大的公司交給我們，就要盡我們的職責，把公司看好管好，這樣才有面子，憑個人勞力賺錢，我認為無關骨氣不骨氣的。」

想不到一句開玩笑的話，卻引起他的長篇大論，中肯識大體，令人嘆服。

我又好奇地問：「你的年齡並不大，她們卻喊你老爹的，是怎麼一回事，是不是都是你的乾女兒，要小心一點啊！整天在桃花林裡工作，身上會沾上花瓣的。」

「哈……」一聲大笑，「這是孩子們隨便叫的，你可別當真！」又是一陣大笑，雖然是說客套話，但神情之間卻顯露出十分得意。

兩人談得好投緣，也好趁機談談核心問題了：

「你下來這些年啦！又領兩份餉，應該賺得不少吧！為什麼不成親？把錢存在銀行幹什麼？」我搖搖手：「請放心我不是來向你借錢的！」

他啜了一口茶，很感傷的說：「我早婚，十六歲就結婚了，有兒有女，算起來都快三十出頭了，有福氣的話早做祖父了。看樣子我們隨時都會反攻回去，你想我還結婚幹什麼？不錯，我領兩份餉，但是我比誰都窮，不節省一點還不夠開銷的，你可能不會相信，可是在精神方面我卻感到很富有。」

我當然不相信，但又不好意思的追問下去，假若真的不夠開銷，單身一個無牽無掛的，非嫖即賭，這是犯罪淵藪應加預防，許多監守自盜的案子，就是不能自拔造成的。但看他的衣著，聽他的談吐舉止，又不像那種嫖賭放蕩的人，人家既然不願說明，一定有他的原因，又何必一定要挖洞找蛇，只好伺機側面打聽了，帶著一肚子的水拌懷疑，回隊已是零時二十分了。

我們同事很討厭老唐，認定他是神經病，症候可能是因為好管閒事。不但管，而且到達無所不管的地步，超出了一般人的想像，他三天兩頭往值班台跑，報告東，報告西的，譬如：什麼公司的國旗太舊太破啦！有損國家尊嚴；什麼公司的國旗沒有升到頂，不合規定要求啦！什麼地方的水管破裂，流失多可惜；哪一盞路燈不亮啦、什麼地方的水溝蓋又被壓塌了，行車不安全啦！什麼地方的圍牆上貼了廣告單，很不雅觀；什麼地方的電線掉下來啦，有電的話會電死人。這許許多多的事情，我們只能打個電話，轉告管理單位辦理，可是他不管你有權無權，認定你是全權全能，事情並不是向你報告之後就了事，打個馬虎眼，敷衍一下就能過去得了的，他會追蹤考核，什麼時候報告過的事情，一個禮拜了還未做，比稽查機關還認真厲害。有時候令你哭笑不得，又不好發他的脾氣，有一天心情不太好，「正經事」一大堆辦不完，他仁兄又來報到了，我以諷刺的口氣說：「老唐兄，區內有五萬多員工，都看不到，為什麼只有你看到？你的『眼光』真高。」

想不到他的臉紅都不紅一下，一副理直氣壯的神情。

「沒辦法！這是我在軍中幾十年養成的習慣，一進加工區的大門，就好像回到家裡一樣的感受，請問：你能對自己家裡的事情看不見嗎？他們並不是看不到，只是怕麻煩，多一事不如少一事，我也知道有人說我是神經病，叫我傻瓜我倒願意接受。」聽完他這番話，原存諷刺之心卻受到重重的一擊。

事隔未久，有一天在二號口協勤的時候，遇到老唐的同事老胡，聽說退伍前他們還是一個部隊的，對老唐一定很了解的，不妨打聽一下他的交遊及經濟情況，俾便早做預防，於公於私都應該這麼做，老胡面帶嘲諷意味：

「我們同事幾十年了，他壞事是不會做的，這點請放心，不必顧慮，至於金錢方面，每月確實是不夠用的。譬如說公司的同仁結婚、生子、新居落成之類喜慶，他總是禮到人不到，一個月六七起是常事，尤其是一些家庭遭到意外變故的，更是傾囊濟助，此外他認養了幾名孤兒，每月也得花幾千。以前的一點積蓄，全部捐獻自強愛國基金，自己卻節省得要命，有時一個饅頭，一包速食麵就過一餐。辛辛苦苦賺來的幾個錢，自己不用送給人家用，不是神經病、傻瓜是什麼？不知勸了他多少次，只是當耳邊風，就是這種德性，說起來怪可憐的，也請你勸勸他，什麼同事，離開公司，誰也不認識誰，又是何苦呢？」說完，搖搖頭一陣婉惜。

聽了老胡這番話，使我對老唐肅然起敬，許多的臆斷猜測，只是以小人之心度君子之腹罷了，也令人感慨，放眼我們的國家、社會、加工區，以及每一個家庭，假若都是聰明人，缺少這種傻瓜神經病，我想人類的文明歷史，國家社會，不知是個什麼模樣……。

西班牙文學家賽萬提斯所寫的世界文學名著「唐．吉訶德傳」的描述，同樣有人嘲諷他是傻瓜，是神經病，裡面有這一段話：「讓我們這個時代且多去學一學唐．吉訶德的榜樣吧！這個熟爛的時代，太需要一點不計功利，純然天真的憧憬了。如果任之爛熟、虛無、雙重無知，我可看不起這個時代再有任何前途了。」時隔三百七十餘年「他豈不就生活在千千萬萬的人群中，在人性活動的每一個角落裡，我們都可以發掘到他的現實存在；嘲諷了唐·吉訶德，也就等於嘲諷了人類自己。」

老唐，唐偉傑，不就是活在加工區的唐·吉訶德嗎？

根

「求木之長者，必固其根本；欲流之遠者，必浚其源泉。」——魏徵——

在桃園中正國際機場的一隅，楊國強凝視著跑道盡頭那架巨無霸的華航七四七，它正載著妻子一紅騰空而去，直到飛機縮成蠅頭黑點消失在遠天的雲堆，他才怏怏然低著頭踱回停車場，打開車門，除了聞到一紅留下的一股香水味外，剩下的只是滿車的落寞和孤寂。啟動引擎，懷著滿腹的愁悵，下意識的踩下油門，「千里馬」立即似脫韁的野馬轉向高速公路奔馳而去；此時的他思潮起伏，感慨萬千，心想世事多變化，連他的心愛妻子都離他遠去，十九年心血的付出，是得？是失？是對？是錯？自己的這樣的決定，亟待得到答案，但看到的卻是擋風玻璃前無盡的天涯路，聽到的是那車外呼嘯而過的風聲。

國強本是山城香蕉王國鉅子楊添財的獨生子，雖然只是初中畢業，但是有滿腦子的抱負思想；儘管他父親一心一意的想要留他在身邊，卻鎖不住他內心的宏圖大志。

記得離家前夕，他父親再三鄭重其事的說：

「阿強！你再考慮考慮吧，外頭賺錢不容易。」

「爸，我已經考慮很久才決定的，你看現在政府大力推行『農地重劃』配合『農業機械化』，並不需要太多的人力，且本省可耕土地有限，地下資源又缺乏，因此李主席倡導『精緻農業』高等作物，政府亦想盡辦法來提高農民生活水準，增加收入，完全靠工業來支持農業，況且現在的香蕉市場又不穩定，競爭又激烈，我想轉業開工廠比較有前途。」

添財一聽到轉業開工廠這句話，以為得變賣土地，一時情急起來，大聲斥責：

「阿強！你們年輕人的想法，我不反對，你不願意待在鄉下倒也罷了，若想變賣祖宗的產業去開工廠，絕做不到，這是敗家子的作法，這些田地是歷代祖先一鋤一鋤開墾出來的，是我們楊家的根；今天阿爸當著祖宗牌位警告你，不管你將來成功或失敗，千萬不可賣掉祖產，否則我將來無顏去見祖宗。」

「爸，請您放一萬個心，我敢發誓，楊家的產業一定會代代傳下去，誰也不能變更。」

那是民國五十五年八月，國強與新婚未久的妻子，帶著簡單的行囊，遠大的抱負，堅毅不撓的精神來到高雄加工出口區，經就業輔導中心的輔導，順利地進入日資XX公司擔任作業員，每月工資不到幾簍香蕉的錢，兩人在前鎮租了一間五席大的半樓，工作累，生活也苦，自然情緒也壞。記得是一個沒有加班天氣晴朗的禮拜天，本來計畫好要整理那亂得像狗窩似的房間，但一紅一臉的幽怨，滿佈雲霧，大有山雨欲來之勢，國強忍不住的問：

「一紅，妳怎麼啦？是否不舒服？」

「我何止不舒服，簡直快要瘋了！腰酸背痛，天天如此，我實在受不了。」一時眼淚滂沱而下。

國強差點也亂了分寸，盡量穩住自己的心情，溫柔地擁著一紅輕輕的拍她的肩，說道：

「妳知道嗎？我也好累，只是不願說而已，妳不是答應過我，要共患難嗎？意志不堅，半途而廢，給人家看不起不說，做什麼事也不會成功的，對吧？忍著點，相信我們一定會熬過去的。走！換件衣服，我們出去逛一逛，中午去吃碗牛肉麵，再去看場電影如何？」

經過這麼一哄，一紅的氣消了，心理舒服多了，反而覺得有點過意不去，就說：

「我看這樣吧，身邊錢不多，省著點用吧！隨便逛一逛早點回來休息，不必看電影好了。」

於是兩人手牽手，懷著初戀人的心情，一路蹦蹦跳跳的登上壽山頂，極目遠眺，高雄市全景盡收眼底，尤其是高雄港，似乎踡伏腳下，艨艟巨輪，進出頻繁，一片欣欣向榮的景象，感到好舒暢。國強指著遠處的加工區興沖沖的說：

「看吧！我們的家在那裡。」

一紅順著他手指的方向望去，回過頭來摔了他一把，以為是逗著她玩的。

「你開什麼玩笑，我們的家在山的那一邊，那明明是加工區嘛！」

「不錯！加工區就是我們的家，今後我們要『以廠為家』！」

「嗯！嗯！」一紅不住的點頭，頗表讚許。

他夫婦服務的公司，是一家純日資公司，董事長田中先生是位忠厚的長者，在加工區成立之初，就熱烈響應我政府政策，來台投資，他了解區內優良的投資環境，人民知識水準高，工作勤奮，工資低廉，社會安定，不像有些國家經常鬧罷工風潮；但最大的原因是感念先總統蔣公對日「以德報怨」的恩澤，使其國土免陷於被分割、佔領、赤化的厄運，才有今天經濟大國的日本。田中先生處處顯出「飲水思源」的道德風範，凡有捐獻及有益我國家社會的各項活動莫不極力讚助；因此對員工的照顧那更是沒話說，當他知道國強夫婦的情形之後，認為時下年輕人，有如此的想法，實在難能可貴，對他夫婦另眼相看，更有意培植。

政府提倡「以廠為家」、「以廠為校」，在一般公司而言，可能只是兩句空口號，不當一回事，但田中先生卻認為這是經營公司的兩件法寶，公司要求員工以廠為家，毫無保留的付出給公司；相對的公司亦要求對員工做到像對家人一樣無微不至的照顧；要達到此境界，必須將心比心，使之以心換心，使全體員工能夠認為公司的成敗亦是自己的成敗，這麼一來，公司沒有辦不好的。再說「以廠為校」，員工的知識即是公司的財富，在此知識爆炸的時代，科技日新月異，若不能使員工不斷接受新的知識，就沒有新產品，永遠只是一家裝配工廠而已。

公司針對這兩大政策訂有完善的福利、退休、救助制度，並與XX工商學校簽訂建教合作，使大多數員工完成高工或高商學業，國強夫婦卻不例外，所謂學然後知不足，更進一步完成空中商專的學業。

那一段日子，他倆共騎一輛自行車，卿卿我我的羨煞多少同事，雖然艱苦，但‧‧‧‧，至今回想起來仍然極為甜蜜，一切是那麼美好‧‧‧‧。但，曾幾何時，這一切好似路邊景觀，飛逝而去，誰能預料捉摸呢？俗話說：女人的心真像臺灣的天氣，情時多雲偶陣雨，如此善變。

「唉！！」一聲長嘆，搖搖頭。

駛過中沙大橋，因為一夜沒睡好，感到頭有點暈暈的，於是拐入西螺休息站，望望錶原來已是中午時分了，但國強此時食慾全無，突然想起一句詩，不知是誰說的：「事大如天醉已休」，管它多少憂愁，喝得爛醉，最好一醉不起，於是走向櫃檯。

「小姐！有酒嗎？來兩瓶，什麼酒都可以。」

小姐以為國強在調侃她，語氣衝衝的瞪著他說：

「先生，對不起，這裡除了醬油就是醋！要不要‧‧‧‧‧‧。」

國強一臉苦笑，若無其事的走到自動販賣機前投入錢幣，取出一杯熱騰騰的咖啡，慢條斯理的啜著，感到又香又甜，心想沒有酒咖啡也好，靠在椅上靜觀南北飛馳的車輛似乎帶走些許的煩悶。

精神稍振，重新上路，順手扭開調頻，警廣播報路況之後，好耳熟的一首歌，竟然是「愛的真諦」這首選自聖經章節的電視主題曲。記得那時，每當電視劇在演這齣戲時，他倆依偎著觀賞，幾乎不放過任何情節；主題曲亦跟著哼了三十回，每當唱到「凡事包容，凡事相信，凡事盼望，愛是永不止息」的時候，兩人總會緊緊擁著，深怕有人會拆散似的．．．，不，難道這冥冥之中有預感嗎？不，決不會的。雖然國強並不是基督徒，但此刻禁不住祈求主耶穌賜給一紅堅強的智慧，使她在美國的萬花筒中，不致迷失墮落。

回到家，偌大的一幢別墅，此時格外顯得冷清而空曠，在玄關脫下外套，抖落滿身塵沙，卻抖不掉滿懷的惆悵，一陣感傷不禁湧上心頭，好苦啊！信步走向酒櫃，取了一瓶白蘭地，正欲拔瓶塞的時候，不意見到酒櫥旁一疊文件，明天還得參加業務會報哩！頓時酒念全消，打起精神走到巷口吃了一碗麵，沖了一個冷水澡，心情舒坦多了，管他，先睡一覺起來再整理吧！轉好鬧鐘，正要就寢的時候．．．

「叮噹！叮噹！」

一陣電鈴聲響起，看看錶已是十點多了，心想這個時候會有誰來呢？取下對講機一聽，原來是朱老先生。

「楊總，還沒睡吧！田中董事長今天找不到你，非常擔心，要我來看看你，不知現在方不方便。」

「哪兒話，歡迎，歡迎。」

說起來，朱老先生也不是外人，他與董事長在軍中同過事，可說相交莫逆，又是公司的名譽顧問。把朱老先生央入客廳坐定，待國強取冷飲之際，朱老先生打量四週一片凌亂寂然，感到有些驚訝。

「怎麼？一紅，王媽都不在家？」
國強滿臉頹喪，認為家醜不宜外揚，但一想到他平時那麼待他的呵護關懷，禁不住說了出來：
「唉！還提她幹什麼？上午飛美國了，王媽也辭了。」
「好啊！去美國是件好事為何不一道去？也好有個照應呀！田中老兄不是再三鼓勵你們去美國渡假嗎？」
「她不是去玩的，是應聘的。」
「那更是一件好事呀！該恭喜你呢？」
「您不知道，她可能會一去不復返，恭喜什麼？」
「不會吧，真有這麼嚴重嗎？」
「一點沒有錯，只差沒有辦妥離婚手續而已。」
「她一向很賢淑，不可能的。」
「不可能，我也希望是如此。不錯，以往她的確是一位嫻淑的妻子，但近半年來，不知怎麼的，變得愛慕虛榮，不滿現實，心就像個無底洞，不是打牌交際應酬，就是逛委託行，樣樣都要舶來品，這些我都認了。記得是去年年底，一位在美國的表舅來信，邀請我去他公司任職，說明待遇很優厚；她一時樂昏了頭，成天吵著要我辭職去美國，否則就離婚。您想我怎麼可能做出這種事情呢？為了這事，她簡直快失去了理智，罵我不識時務，是個大傻瓜；放著大把的美鈔不要，寧願當董事長的哈巴狗，隨便為根骨頭就滿足了，您看她現在變得多現實膚淺，動不動就出口傷人。」

「唉！你不能全怪她，這是時髦病，很多人送兒女讀書，一心一意想要子女出國，好像只有留學美國才能光宗耀祖。」

「您是了解的，我做人做事有一定的原則，人不能忘本，應該飲水思源，大家都知道劉備三顧茅廬，孔明為報知遇之恩，鞠躬盡瘁，死而後已。這些年來承董事長的栽培信任，我豈能一走了之。」

「對！做得對，這正是我們中國人的美德，難怪公司業務蒸蒸日上，董事長真是慧眼識英雄。」

「每當從院長手中領取外銷績優獎時，我認為這不是意味個人有什麼了不起的本領，而是代表公司所有員工的光榮；公司能有今天，個人能有今天，也是沾蒙先總統的恩澤，應該隨時感念在心策勵自己。」

「完全正確。唉！時下一般人對美國產生幻想，以為那是遍地黃金的人間天堂，殊不知那種現實的滋味令人無法接受，再加上寄人籬下，更是苦不堪言，我想一紅很快就回來的，放心吧！」

送走老朱，已近十二點，國強哈欠連連，平時最欣賞床頭櫃的那張結婚照，一紅露出蒙娜麗莎式的微笑，現在卻顯得特別諷刺，似一臉詭笑，床舖也特別空蕩。

時間過得真快，轉眼又是鳳凰花開時節，一紅在美國，果然不出所料，由於觀念不同，勞資關係完全建立在法上，毫無人情可言；更由於沒得到充份的授權信任，處處碰壁，不到兩個月就掛冠求去；轉入一家中國餐館擔任會計兼堂倌，白天忙得喘不過氣來，每當午夜夢迴，思潮洶湧起伏，想著一個美滿溫馨的家庭，被自己的短視、天真、無知弄得支離破碎，暗地裡擁被不知流了多少傷心淚；儘管如此，卻無顏去面對現實。

田中先生知道國強夫婦的情形之後，很感憂慮，夫妻之間如此僵持下去是很危險的，於是藉赴美考察之際，在舊金山好不容易找到那家規模不算小的中國館，揀個座位坐定，一紅真不敢相信自己的眼睛，坐在面前這位滿頭銀髮的長者竟是田中老先生，一時楞住了，百感交集，心中那道倔強的堤防，瞬即被滿眶熱淚沖得崩潰了，再也按捺不住矜持，不由自主的扒在田中的懷中，泣不成聲，田中也陪著掉淚。掏出手帕替一紅拭去眼淚，慈祥的說：「回去吧！一切都過去了，臺灣的任何地方都會比這裡好。」

一紅內心一陣悸痛，自己生活在幸福中竟然不知，靦靦腆腆的低下頭，滿臉羞愧紅嫣，結束了夢魘似的一年，也獲得人生寶貴的體驗。

國強下班抵家，見大門竟然洞開，繼而窗口正飄送出一紅最喜愛的那首「昨夜星辰」……愛是永恆的星辰，絕不在銀河中墜落，長憶著那份情那份愛，今夜星辰，依然閃爍……」心中一動，難道是……：此時一紅也站在門口，霎那間，飛奔而至兩人緊緊地擁抱在一起，什麼話都不必說了，多少相思多少惆悵盡付熱吻當中了。

一幢死寂的別墅，有了女主人，又恢復了往日歡樂的生機，飯後國強點燃一支煙，淺品凍頂烏龍茶，妻子依偎在旁，這一切是那麼的安祥美好。一紅禁不住的感嘆道：

「我真是人在福中不知福，謝謝你！想起那陣子生活真像一場惡夢！」

「忘掉它吧！」

「忘掉，不可能的，想想在餐館工作的時候，見到許多老華僑那種空虛、落寞、無依的神態，令人鼻酸。有一天，一位經營洗衣店的華僑，聽說從前在大陸上當過縣太爺，叱吒一時，他神氣十足的來到餐館，以為要點滿漢全席，孰料只要了一份蛋炒飯；可是正當他看到酒櫃上有臺灣啤酒之時，禁不住眼睛一亮，喜出望外，大聲的說道：好棒！太棒了！那種唯我獨尊的狂傲神態，顯露出對祖國的嚮往與眷戀；待喝到有點醉意時，竟脫口罵道，你們都說美國好，狗屁！奶媽的孩子，再好是人家的，有屁用！」咕嘟一仰脖子，又灌下一杯，一些人認為他是酒鬼說醉話，但這何嘗不是華僑共同的心聲嗎？」

國強有點感傷了，心情顯得凝重。

「只有身處異國的人，才能體會到自己祖國的可貴，無根浮萍，沒有踏實感；那些人的心情就如同水塞其源，樹失其根；唉！！人什麼都可失，就是不能失去國家，猶太民族、越南人，不就是一些很顯明的例子嗎。滾滾黃河，滔滔長江因源遠而流長；樹高千丈，落葉歸根。一紅，說實話的，我現在真想回去踱步香蕉園中，傾聽蕉風私語；倦了，砌壺茶靠在竹椅上，看幾本心愛的書，承歡膝下，廝守鄉土。」

「喝口茶吧，相信這一天不久會到來的。」一紅溫柔而堅定的答道。

歸

好久沒上「福記」了。

提起光復南路口那家「福記牛肉麵」，已是十多年的老字號了。老闆石海福，是標準的山東濟南老鄉，曾官拜陸軍中校營長。他身材魁梧，臉上終年掛著彌勒佛似的微笑。退下來做生意，他仍保持那股誠懇踏實的軍人作風，講求貨真價實，童叟無欺。他拉的麵軟硬粗細適中，牛肉原汁味道爽口，尤其是辣得過癮，因此他的店裡經常是座無虛席。

我原和石老闆不熟，只因與他的舊屬老唐是老同事，有一陣子經常是「福記」的座上客，因而與他成為無話不談的好朋友。

今天得空，獨自上福記，只見伙計小何獨自張羅著，卻不見石老闆。一問之下，始知石老闆已在幾個月前匆匆去了美國，行前他已將存款一股腦而提光，店也讓給了小何。小何自稱不善經營，這陣子生意一落千丈，幾乎已到了無法維持的地步，回來和老唐談起，原來他也好一陣子未去福記了。福記的境況令人噓唏，而石老闆的行蹤更令我們猜疑，或許他是到美國開餐館，或許‧‧‧‧但為何如此匆匆的不告而別呢？我們甚至有了更壞的猜測。

前天，老唐不知從何處得的消息，說石老闆回來了，約我當晚去看他，並替他接風洗塵。我自然滿口答應，一方面是想知道他在美國的情形及今後的打算，當然更想吃碗夠味的牛肉麵解解饞。

當晚，華燈初上時分，我與老唐相偕來到福記，小何先把我們引進唯一的一間雅座，酒菜已擺妥，我們催促石老闆快來，他卻在廚房那端喊著：「你們先開動，甭等我，這兒忙完就來！」

此時，小何悄悄進來，小聲對我們說：「老闆此番回來，看起來怪怪的，臉上的笑容沒有不說，個性也變得陰陽怪氣的，實在不對勁。請二位好好勸勸他，若是為了店子，我可以還給他，說實在，福記沒有石老闆在，遲早會關門的。」

小何不失為豁達明理的人，我們便爽快的答應相機進言。不到一會兒，石老闆掖著一瓶大麴進來了。才幾月不見，他原本圓胖的臉便消瘦了，神色也添了幾分憂慮。入座後，他便要拔塞斟酒，老唐即時一把奪下，關懷的說：「天氣熱，喝大麴受不了，還是喝點啤酒好了！」又突然想到了什麼，將巴掌往自個兒頭上一拍，說：「嘿！嘿！我想起來了，老營長您從不喝酒的，怎麼才離開一陣子就敢喝烈酒啦？真是士別三日，刮目相看。」

石老闆卻瀟灑的說：「唉！一醉解千愁，管他娘！反正喝了傷身，不喝傷心，但願長醉！」

該弄清楚是怎麼回事了，因此我說，「石老，醉了難過，醒了更難過，醉只是鴕鳥的行為，不能真正的解決問題，有事不妨說出來也有個商量。您離開這段時間，老朋友都很關心您呢！」

他舉杯淺飲一口，一陣搖頭苦笑說：「想不到，想不到一個微不足道的販子，居然也有人關心，可見我們的社會多麼溫暖。很抱歉！石某一向光明磊落，卻晚節不保，對不起大家的厚愛，落得今天囊空如洗，實在真無顏見人！」

老唐當下站起身來，魯直的說：「我說嘛！老早就勸您成親，您總是推託，好啦！現在弄得人財兩空。曾經出生入死，一生戎馬，竟栽在一個臭娘們手裏，真冤！告訴我她是否回臺灣？我找幾個弟兄去幫您討個公道！」說著還連連拍著胸脯。

石老闆這時突然漲紅了臉，站起來把激動中的老唐按下，兩手一攤說：「你們都想歪了，石某還不致那樣差勁上女人的當。告訴你們吧！我回一趟濟南老家了。」

一時，空氣都凝住了，真不敢相信他曾私闖匪區，小何緊張得吩咐妻子提早關門打烊，大夥兒呆坐著，思鄉病倏然被引發，寂靜中，我也禁不住一陣鼻酸。

所謂「君自故鄉來，應知故鄉事」，家鄉事是每一位遊子所關切的。大家望著石老闆悲戚的面容，滿心期待聽他故鄉行的詳述，那正像小孩期待老奶奶講故事的心情一樣，既好奇又興奮。

他喝了口酒，舐舐唇上的餘液，表情凝重的開始敘述這段故事。

「去美國是偶然的決定，原是為一位也開餐館的好朋友跨刀，他急需一位得力助手。怎知到了那兒，工作雖忙，心情卻一直很惡劣，寄人籬下使我感覺猶如沒根的浮萍，因此思鄉更切。寂寞中，心無所託，我開始想念起濟南老家的妻兒來。在很偶然的一個機緣裏，我寫了封信回老家，想打聽一下她母子的下落，盡盡人事，結果出人意料，不到三個禮拜就收到了回信，說妻子偉真仍然健在，兒子濟豪、女兒濟英均已結婚生子，他們盼我早日回家團圓。接到信，我高興得失眠了幾夜，每一閉眼，盡是團圓夢，感情的堤也突然崩潰了。唉！所以．．．．。」

「您真是老糊塗，您不是經常說『漢賊不兩立』嗎？」老唐臨時插嘴。

「唉！樹高十丈，落葉歸根，血濃於水，兩者是永遠分不開的。」石老闆調整一下坐姿繼續說道：「我帶著全部的家當美金五萬元，先飛到日本採購一批大陸較缺少的東西，整整裝了兩大皮箱，第二天就飛到了濟南。一下飛機，觸目所及一片破舊、貧窮、落後，一切比想像的還糟。接待人員一看我的「簽證」，馬上皮笑肉不笑的說：「鄉親，辛苦了！歡迎您回到祖國，更恭喜您一家的團圓。」

我隨即被安排在一間民房改裝的高級友誼旅社，旅社內寢具簡陋，浴廁設施低級，手紙仍是一擦就破的土草紙，幾碟小菜更是膩得令人難以下箸。服務人員一再交代，叫我不能隨意離開，他們正與我家人連絡中。晚上躺在床上，妻兒的影像一幕幕顯現腦際，無情的歲月不知已將他們刻劃成什麼模樣？此時我想起了李頻「渡漢江」：「嶺外音書絕，經冬復歷春，近鄉情更怯，不敢問來人。」我不正是那樣的心情嗎？

輾轉難眠，於是起身，順手取過一份「人民日報」，盡是些鬼簡體字，看圖識字似的，實在簡得離譜，邊看邊猜真累人，看不到幾分中便滿眼金星，頭昏腦漲。索性丟下報紙，踱到窗前，窗外竟是一片死寂，莫說看不到霓虹燈，即使幾支路燈也是鬼火似的昏昏暗暗。此時不禁懷疑自己，今後是否能適應這個專制貧窮的社會？沈思間，服務生進來通知，家人明天來接我。啊！夢即將成真，捺不住心頭的喜悅和興奮，真想狂叫幾聲。

一夜憧憬著與妻兒的相會場面，訴不盡滿腔相思，等待的時間，慢得似蝸牛漫步，好不容易到了天明。

在村幹的陪同下，他們終於來了，但只見兩個孩子，卻不見偉真，懷著滿腔問號望著孩子們。一見面，他們先靦腆得先叫了聲「爹！」然後就在村幹的示意下跪下，像初次上臺的演員，動作生硬且面無表情，倒是村幹唱作俱佳，他適時伸出一雙粗厚的掌，緊緊地握住我的手，不住的抖上抖下，且故做熱情的說：「鄉親！我代表本村歡迎您回歸，參加祖國的偉大建設，我們一直在學習臺灣進步的經濟經驗，自從四人幫被鬥垮後，在鄧小平同志的領導下，『四個現代化』正在大力展開呢！」

我無言以對，只有乾打哈哈。此時我端詳他兄妹，竟是一臉的黑瘦、憔悴、蒼老，無一絲的年輕氣息；一套藍布毛裝、黑膠鞋，與臺灣電視上看到的並無二致。令我最感難過的是，女兒的臉上竟然找不到半點她娘那種高貴的氣質，倒是炯炯有神的目光引人注意，一路尋過去，它卻是落在我那兩隻大皮箱上，唉！對了！怎麼這麼久了還不提她娘呢？實在憋不住，便故意以稀鬆的口吻向他們詢問，他們兄妹頓時做錯事似的垂下頭默不作聲。村幹連忙接腔：「

噢！濟英她娘早在五三年春天生了場病去世了。她真福薄，等不到您回來團圓。唉！人嘛！遲早得去的，不必太傷心。」我當下憤怒地大聲質問他們，為何不在信中提起。

「不告訴你，也是孩子們的一番好意，怕您傷心啊！」村幹小丑似的堆著滿臉的笑。

所謂「英雄有淚不輕彈，只是未到傷心處」我一向不容易流淚，此刻卻也淚眼婆娑了。

當回到闊別三十七年的家園，踏入庭院，只見黑鴉鴉的人群，盡是些八竿子打不到的親戚。在村幹的帶領下，我受到英雄式的鼓掌歡迎，行進間，我發現他們大群人所注目的焦點也是那兩隻箱子。果然，不到半小時的時間，在村幹的主張下，他把我的箱子內的物品分的精光，就像亞馬遜河內的食人魚發現畜屍似的，而竟無人道聲謝謝。

老家的三合院，不復舊觀，已經被隔得不成樣，一間間鴿子籠似的分住了幾十戶人家。雖然如此，毛坑倒沒增加，原想該是滿坑滿谷了，事實不然，又想，或許是歡迎我而特別清理的，一問之下，才知每戶都有自備馬桶，排泄物可是他們保留地唯一可用的肥料，輕棄不得。真格是「肥水」不落外人田，又可憐又可悲！

他們臨時騰出我以前住的那間房子讓我住。入夜，面對孤燈，舊愁新恨湧上心頭，從前與偉真在一起時的點點滴滴，更是清晰的浮現腦際。晚些時，兩個孩子進房，我把一些錢分給他們後，便想順便聊聊別後的情況，不料，濟豪卻先大聲嚷嚷：「爹！您折騰了一天，早點安歇吧！階級不同，成份不同，其實我們也沒什麼好聊的！」這分明是說給「鄰居」們聽的，想必也是給我的警告。

整夜無法闔眼，朦朧間，偉真披頭散髮，鮮血淋漓的出現了，她狀似氣憤的罵我：「糊塗蛋！我已經死得這麼慘了，為何還要回來？」隱約還聽到一陣低泣，讓我驚出一身冷汗，一切似夢似真啊！

好不容易等到天麻麻亮，趁著村幹尚未上門，我趕忙起身叫濟豪陪我去找他娘的墳，想順便弄清楚事情的真相，未料他早已起床了。路上，我問濟豪為何如此早就下地工作，他說：「包產到戶比人民公社更壞、更整人，往往辛苦一年，收成還不夠繳社的，因此非更賣力不行。」原來如此，我不禁慨然的說：「你們都是農奴，只有鄧小平才是大地主！」他隨即警告我，說話要留神，否則將吃不完兜著走。問他娘的事，並提到昨夜所聞的哭聲，濟豪遲疑了一下，而後附在我的耳畔，以極細微的聲音說道：「五三年春天，在鬥爭會上，人民要娘坦白的認罪改嫁，她不從，最後被打成重傷，吐血而死。他們還說娘是國特的妻子，是黑五類，娘臨終原吩咐要我去臺灣找您，但孩兒無能為力。爹！大家做夢都想去臺灣，您又何必回來呢？留下來我也無力奉養您，快點離開吧！這班人都是狼心狗肺的東西，為免節外生枝，快些走吧！至於昨夜的哭聲，是隔壁王大好的愛人因被強迫墮胎而傷心哭泣，按『一胎化』的規定，每家不准有第二個孩子。」

這番話使我熱血奔騰了起來，原來偉真是這樣被他們弄死的，原來共產黨真是可惡到這般的無以復加，可憐的偉真！可憐的同胞！氣憤傷心之餘，也發覺自己的處境是這樣的難堪，而值得安慰的，濟豪，我的孩子，是三十多年奴化教育培植出來的毒草，喝了三十年共產黨的奶水，卻仍然良知未泯。

冒著微涼的晨風，在朦朧的薄霧中，來到一處亂葬崗。這時，濟豪指著土堆上的一叢雜草，說就是他娘長眠之地，我情不自禁的跪了下去，兩手緊握濕潤的雜草，感覺如同當年握住偉真剛梳洗過的秀髮。我沒有傷心哭泣，只有一心的愧疚，她寧死不屈的偉大節操，已予我莫大的啟示與助力，我頓時清醒了過來，望著旭日自東方緩緩升起，心頭突然有著從未有過的篤定。

回到家，村幹已經上門，他看我凝重的表情，自然料到是怎麼回事，便很乾脆的說：「石大爺，不瞞您說，關於您愛人的死，完全是四人幫胡作非為，現在可好啦！再也不會發生這種事情了。」我一聲苦笑，人只能死一次嘛！

村幹整天跟著，心好煩，他見我有不悅之色，便振振有詞的說：「回歸的鄉親都不願意接受人民的保護，但這是上級的命令，沒辦法！」

我嚴正的說：「幹部同志，你言重了，我石某何德何能配接受保護？」並順手掏出十元美鈔塞入他手中。

他假猩猩的說：「替回歸的鄉親服務是我的職責，怎麼敢讓您破費呢？」但他曖昧的眼神及握錢不放的手來看，他不是不要，而是嫌少！只好又添上十元，他半推半就的收進口袋而後揚揚手走了。我一時感到好自在，更感到自由的可貴了。但可想見的，我並未獲得自由，因為無論走到哪裡，總覺得有人在暗中盯著。

本想重遊泰山，但山河蒙塵，看了只有徒增感傷而已，何必呢？最後，只有在附近走走，而所見也是同樣的一片落後，淒涼的景象。

第三天，在外地讀書的孫子聞風趕回，剝走了我的西裝、皮鞋和手錶，這趟真像是進了土匪窩了，最後全身只剩下兩百美元。

懷著堅定的心，又勉強住了幾天，便擁著一顆破碎的、疲憊的心離開，離開原本魂牽夢繫的家園，走出那個早已幻滅的夢境。美國回不去，最後只有厚著臉皮回臺灣，回到這塊朝氣蓬勃的土地上。

一口氣說完這段經歷，石老闆像鬆了口氣，挺一下身便將整個人拋在椅子上。

我懷著滿心的感觸，打破一時的沈寂：「石老，您夫婦的感情真做到了至死不渝，彼此並無愧疚。父母都是為兒女做牛做馬，本來一切都是要給他們的，身外之物何必計較？能平安回來就好。您的經歷也等於給千千萬人一個教訓，不要再上當。對了！不知您今後有什麼打算？」

石老闆便很感慨的說：「我走遍千山萬水，感覺還是臺灣好，這次回來政府還寬大的要安插我到榮家頤養天年。我現在還能動，何必做寄生蟲，增加政府的負擔？『福記』是我的根，你們放心，小何不給工錢我也幹。總之，你們是趕不走我的！」引得大家一陣鼓掌叫好。

老唐說：「我們從石大少爺的談話看來，大陸十億人民對中共政權都是虛與委蛇，毫無信心可言，垮臺是遲早的事。倒是目前他們對臺灣的統戰伎倆，我們可千萬要提高警覺，不要上當啊！」

我說：「中共的統戰陰謀，就像糖衣毒藥，政府三令五申的禁止我們與中共接觸，就是為了保護我們的國家與個人。我們從石老闆的經歷來看，確實也唯有三民主義才能救中國。所以我們海內外同胞要全力以赴的，就是以三民主義統一中國，使十億同胞跟我們一樣過著自由幸福的生活。誰不想親人？誰不想家鄉？人人都想回去，只是我們要手捧三民主義回去。」

小何這時也很激動的說：「應該建議政府免費送那些吃飽喝足的、喜歡鬧事的王八羔子與偏激份子去大陸體驗一下！」大家又是一陣歡呼。

最後，石老闆舉杯：「各位光聽我胡說八道，來！乾杯！謝謝大家！」

大家一飲而盡，這杯冰啤酒涼透心脾，也沖走他心中的抑鬱吧！

今晚，我又經過福記，生意又恢復了，只見石老闆那滿頭白髮在燈下閃著銀光，攤子上熱氣蒸騰，且聽見那爽朗熟悉的聲音：「老鄉！請裡面坐！」「老鄉！請慢走！謝謝賞光！」這一切不正顯示出他對未來充滿信心和希望嗎？

想到石老闆的遭遇與心態的變化，又思及國家的前途與命運，我不禁懷著虔敬的祝禱著：

「流漓顛沛中，感謝神賜給我中華兒女如此的堅韌力，它如海浪沖激中屹立的礁岩，使我們歷經幾千年無數的浩劫苦難而不墜。淚眼裡始終現出自信的虹彩！黑暗中總綻放出生命的光輝。黑夜已盡，黎明不遠了！」

雲且留住

南臺灣的仲夏，活像一只烤熱的大鍋，鳳凰花如爆米花似的綻放開來，一忽兒便紅透半邊天，紅的那樣縱情恣意，那般令人心悸。

高雄加工區的南Ｘ路，兩旁工廠林立，華洋雜處，貨櫃棧板縱橫，將一條僅七、八米寬的通道塞得透不過氣來。種植了二十年的行道樹，侏儒似的挺在那兒，灰濛濛的憑添些許象徵性的綠意。太陽從樹頂直照而下，團團的一圈陰影，比一把洋傘大不了多少，但這樹蔭，對十二點下班用膳的員工來說，太彌足珍貴了。這天中午，鈴聲一響，員工們猶似出閘的急流，從各冷氣房衝出，每個人手拿飯盒，湧向樹蔭，湧向貨櫃邊。他們像剛從冷凍庫中取出，未曾蒸過的饅頭，個個滿頭汗珠。五顏六色的公司制服，剎那間便混淆一塊，涇渭不分了。大夥兒嘻嘻哈哈的，在帶有鹹腥夾污油味的氣氛中，津津有味的吃了起來。

此時，ＸＸ公司的女強人花組長，亦手拿飯盒，自那頭瀟瀟灑灑的走過來，引起兩旁戲謔性的騷動。有人喊：「三八阿花！」有人叫：「花蝴蝶！」更有人吹口哨……。

只見她不慍不火的說：「便當還塞不住嘴？叫死叫魂的，要吃奶啊！」

立即引起一陣哄笑，似一顆歡樂的小石子，投入了每個人疲憊的心湖，盪漾著興奮愉快的漣漪。

坐在這頭，一位新來的祕書楊薏仁，看到這位女子所引起的騷動，及對他人所產生的吸引力，便忙著問身旁的清潔工劉太太：「她是誰呀？大牌電影明星似的！」

劉太太抬頭一看，急切嚥下滿嘴的飯粒：「呵！你剛來還不知道，她就是鼎鼎大名的花蝴蝶，實際的名子叫花富弟，是個了不起的女強人呢！」

楊薏仁應付式的點點頭，心想：一個加工區的女工又能強到那裡去？真正強的話，就不會來加工區了。

劉太太看她一付疑惑的表情，便強調：「妳是不相信她是女強人？有空再慢慢告訴妳。」

說著時，花富弟已走到身邊，當看到老地方已被一陌生人佔住，並同劉太太有說有笑的，她猜想一定是她們公司的新員工，於是很友善的向楊薏仁點個頭打招呼，並坐了下來。

劉太太看看錶說：「阿花，今天怎麼遲到啦！」

「還不是小鳳那丫頭孩子氣，發燒還不去看醫生，剛剛我硬拖她到保健所打了三針，折騰到現在，唉！也怪可憐的，沒媽照顧的孩子。」

劉太太突然想到什麼似的說：「啊！阿花，我忘了替你介紹，這位是我們公司新來的英文祕書楊薏仁小姐。」

花富弟微微點頭，注視著楊薏仁，並且開玩笑說：「楊小姐學問好，又長得漂亮，你們公司的男士一定樂死了！」

楊薏仁嫣然一笑，靦腆的低下頭。

花富弟打開飯盒，正欲舉箸之際，才發覺楊薏仁一無動靜，客氣的問：「吃過沒？」

楊薏仁一說完：「沒有」便從提袋內取出一隻鮮麗的胡蘿蔔，慢條斯理地啃了起來。花富弟一時愣住，把剛送到嘴邊的那塊排骨又放回飯盒，熱忱而關的切說：「唉呀！楊小姐，你已經夠苗條啦！哪裡有這樣節食法的，再節下去，不要說颱風，就是冷氣電風也會把你吹跑的！」

一旁的劉太太看不過去，也幫腔說：「阿花說得對呀！營養不良就沒體力，沒體力就容易生病，加工區可沒有林黛玉啊！」

楊薏仁說：「你們不要大驚小怪嘛！已經習慣了，感覺很好啊！」

花富弟正經八百的說：「愛美是人的天性，尤其是女孩子，常為了美而不擇手段。但我認為自然與健康本身就是一種美，美需要健康去表現，死要面子活受罪又有什麼意義？」

楊薏仁氣急的為自己辯駁：「你們誤會了，我不是為了漂亮而節食啊！是因為胃的毛病，而遵照醫師的指示，為健康而節食的。」

「噢！原來如此！」

周圍用膳的人群，已慢慢開始移動，花富弟看看錶：「哎呀！已經五十五分啦！」急忙把最後一點飯塞進嘴裡，一面起身，一面含含糊糊的說：「兩位，明天見！」一片喧囂剎那時恢復了平靜。一群麻雀卻吱吱喳喳呼朋引伴的飛上飛下，撿拾地上的飯粒，享受豐富的午餐。

整個下午，楊薏仁一直想著花富弟其人，想著她的親和力，也想著劉太太給她的誇讚，不禁好奇起來。楊薏仁原是愛聽故事的，她想：這背後一定有段曲折的情節。因此，當下班鈴聲一響，她便迫不及待的去找劉太太，劉太太本以「整裝待發」，這會兒便又重新坐定，眉飛色舞的細說從頭了。

「她是山東人，住在臺東。因為花家曾出過一位了不起的女將軍花木蘭，因此她總以姓花為榮。她娘一口氣生了四個女孩，取名招弟、愛弟、友弟、富弟，終究沒生個弟弟。你看她高高的身材，黑黑的皮膚一雙黑白分明的大眼睛，長的雖不美，卻很耐看。她給人有親切感，很得人緣，心地善良個性豪爽，待人誠懇，大有胳臂上跑馬，兩肋插刀的燕趙男兒氣慨。他初中畢業那年，就來到加工區XX電子公司，一待就是二十多年。這期間，她學到一手精湛的技術，也完成了高職的學業，現在在空大，她也選修了幾們課。她常調侃自己說，是「加」大畢業的。她真正做到了以廠為校，以廠為家。憑藉著對加工區及公司的信心，在公司艱困時期，幾乎半年領不到工資的情形下，她依然堅持到底，這是一般人所做不到的。她常說：無論個人、公司或國家，在有困難的時候，假若每個人都講現實，不顧良心道義，這世界多可怕！」

楊薏仁不禁好奇的問：「你怎麼對她的事這樣清楚？」

「唉！我們一起在這裡工作二十多年了，每天都坐在這裡一起吃便當、聊天、談心，她還是我的恩人呢！」

楊薏仁露出一付不屑的表情：「我看你歌仔戲看多了，二十世紀啦！還有什麼恩人不恩人的，不流行了！」

「咦！二十世紀還是要吃飯吧！你不知道，說到我老伴出車禍的那件事，沒良心的司機把他丟在醫院門口一走了之，家裡一點兒積蓄都用光了，還不夠繳手術費。多虧在午餐時間展開募捐，憑她的熱忱及人緣，一下子就募得一萬多元，現在的一萬多元似乎算不得什麼，可知在當時一個作業員每月工資僅五、六百元而已。」

楊薏仁仍懷疑：「她有這般大的能耐？」

「信不信由你，其實她做的好事真是數不清呢！就是我們公司的邱總也對她佩服得不得了。」

「這又是怎麼回事！」

「楊小姐，妳不知道，過去在經濟不景氣的時候，公司的營運情況一直像打擺子似的，有時訂單成堆，不眠不休的趕的天昏地暗；有時又連續休息了幾個月。公司在這種情形下，又不敢大量雇用臨時人員，即使請了臨時人員，加上訓練時間，遠水也救不了近火。有一天中午，也是午餐時間，我向她提到公司臨時缺人的事，誰知她胸脯一拍說是小事，當晚就拉了兩條小夜班線，一直到貨趕完。結果不但效率高，還達到零缺點的標準呢！」

聽到劉太太述說的種種事實，楊薏仁對花富弟不禁起了敬意。

隔天中午的老地方，居然飄來好大一朵烏雲，把炙熱的太陽遮住，還透著陣陣涼風。花富弟已先到，慢條斯理的吃著便當，劉太太和楊薏仁姍姍來遲，也引起周圍男士的口哨。楊薏仁看到花富弟便老朋友似的問：「花姐！你結婚沒？」

不待花富弟開口，劉太太即搶著答腔：「啊！我忘了告訴妳，阿花是有名的未婚媽媽呢！」

楊薏仁感到很驚訝，把含在口中的鮮奶吸管放掉，以異樣的眼光注視著花富弟。只見她若無其事的說：「劉太太說得對！不過孩子不是我生的，而是收養的，他今年已讀高二了，對了！你一定懷疑我為什麼不結婚，是嗎？」

楊薏仁不住的點頭，並露出會心的微笑。

此時，一旁的劉太太故作不耐煩的樣子：「哎呀！老掉牙的故事，不知聽了多少遍了，你們聊聊吧！我得去保健所拿點胃藥。」說著便起身離開。

待劉太太走後，花富弟說：「其實沒什麼，我原有一個青梅竹馬的男友，小學初中我們都在一起，無論是在鄉下或在學校，大家公認我們是天生的一對，結婚是鐵定的事，我們也一直如此認為。初中畢業後，我因家庭變故來到加工區，他則繼續升學，大學畢業後又留美去了。我們的感情也日漸冷淡，近乎消失了。他在美國娶了位有錢的華僑小姐，尚未有孩子，聽說他婚姻也不太美滿。就這麼簡單！」

楊薏仁很感嘆的說：「我看得出來，你一定是眷戀過去，等待負心郎回頭吧？」

花富弟搖搖頭一陣苦笑：「不是眷戀！不是等待！而是看破紅塵，是對感情傷心，對婚姻死心而已！」

「真佩服花姐這種堅強豪爽的個性，妳這種個性是如何養成的？」

「我並不是在孔老夫子前賣文章，記得荒漠甘泉有段話說：『古代有種臆測，說珊瑚建築珊瑚礁是為了安居。但一位科學家已證明，珊瑚蟲唯有面對汪洋大海，在不可抗的浪花飛濺中，才能生長繁殖。一般人也以為，安逸的環境最適宜生存，然而最高貴和最強毅的生命，卻證明經得起磨難，方能成為偉人。這也是區分凡夫和英雄的關鍵，個性是在磨難中培養而成的。』加工區二十多年來，也經無數挫折磨難，從每次的挫折磨難中吸取教訓，或修改法令，或改善投資環境。經不起考驗的廠商一家家被淘汰，現存的都是堅強的精英。而我個人也是經過這洪爐洗煉的一份子。」

「花姐，妳好了不起！」

「不要這麼說，其實有許多同事把加工區學到的技術發揮出來，到外面自組公司，現在已是億萬富翁了，而我呢？賺的只是一份工資，該慚愧才是！」

花富弟說完，遙指著自高雄港上空飄來的一片雲：「妳看它多悠閒、自在，我好羨慕！人為什麼總有許許多多的煩惱、憂愁、痛苦和無奈啊！」

「妳怎麼知道浮雲沒有煩惱呢？它有時也會不由自主的被狂風吹上高山，撞得鼻青臉腫的，然後還得馬上爬起來趕路，其實你只是沒聽到它的痛苦呻吟而已。但願有一處溫馨的山坳能留得住妳這片浮雲。」

「雲是留不住的，只有消失於虛無。」

「唉！真是情到深處反為淡！」

兩人相視一笑。花富弟將便當中剩下的飯粒撒在地上，把電線上成群的麻雀誘惑得鼓噪不安。

楊蕙仁說：「花姐，妳看！牠們被妳逗得不耐煩了！我們還是行行好，快點走吧！」

沒走幾步，花富弟回頭望見那群正興高采烈爭食的麻雀，心頭禁不住一陣喜悅，感到幸福的社會，連麻雀也是幸福的。

老裘

山不轉路轉，路不轉人轉。多年不見的高雄加工區老朋友，老裘，卻在逛大統公司時遇到了，他提著大包小包的從電梯出來，一見到我就「卡」的一聲靠腿立正的說：

「長官！我是裘耀祖，老裘！你還認得我嗎？」

「叱！你老裘燒成灰我也認識啊！不要叫長官長官的，我現在是純粹沒有兼職的戶長！」我拍著他的肩膀打趣的說。

「您老一點也沒變啊！」他恭維的端詳著我說：

「沒變！沒變！我還是我啊！只是頭髮變白啦！皺紋變多又加深啦！時間老人是不會漏掉我的！」我撫著滿頭銀絲哈哈地笑。他還是保持立正姿勢，陪著我打哈哈。雖然有冷氣，但他的額頭仍沁出細細的汗珠，我提議說：

「咱們站在這裡妨礙交通，樓梯間有座椅，到那兒聊聊去。」

「不了！國慶，他還在車裡等我哩！改天再聊吧？」他面有難色的說。

「好！來日方長！怎麼？過年還早呢？就辦年貨！」

「噢！在下個禮拜天，國慶結婚，自己下廚做幾桌菜，邀幾位老長官來家敘一敘，您老一定要賞光啊！」

我驚喜地忍不住又拍他的肩膀說：

「哎呀！國慶要結婚啦！恭喜！恭喜！你父兼母職終於熬出頭啦！這種天大的喜事，我能不來嗎？」

他告訴我他的住址與電話號碼後得意的離去，還未走出門，又回過頭來問我：

「上個禮拜莫老總七十大壽，為什麼沒有看到您呀？」

不由得心頭一悸，只好撒了個謊：因為莫老根本不會請我。

「啊！很不巧，上禮拜我去臺北了！」

「難怪沒有看到您老。」他相信地點點頭走了，卻給我留下一串好長的回憶：

記得那是民國五十六年春暖花開尚有幾分料峭的季節，高雄加工出口區內的廠房，正如火如荼不捨晝夜的趕工興建著，一家家公司也正如雨後春筍般的從沙粒中冒出來，找工作的人潮更從山地、農村紛紛地湧到。午後二時，我正在第二出入口查勤時，卻發現一位短小精悍的男士，留著平頭，穿著一件草綠色的軍用夾克，一手提行囊，一手牽著一個五、六歲的男孩。一看就知道是軍中退下來的外省阿兵哥，他不停地搜視著往來的員工，不用問一定是帶著孩子來找媽的。因為同類的事太多了。看他那種徬徨失望的眼神，不由人心生同情，便主動地與他搭訕：

「老鄉，怎麼啦！是不是太太離家出走？」

我主動的去關懷他，他一時很錯愕的樣子，馬上靠腿立正說：

「報告長官，是的！」

「怎麼，夫妻吵架啦？」

「不！她嫌我年歲大。」他放低聲音說：

「結婚前她為什麼不嫌，等到現在才嫌你呢？」我望著他邊望著小孩說：

「不瞞長官說，我是花錢向他父母買來的。」

「所以囉！光是砂石，沒有水泥怎麼能黏在一起呢？感情這玩意，可不是在市場買青菜豆腐！是你的不會跑，不是你的勉強不了，我勸你不要白費心機了，她親生的寶貝兒子都捨得丟下不管，可證明她吃了秤鉈鐵了心，你還指望什麼呢？」我好心好意的勸他。

我澆了他一頭冷水，他傷心的淚如泉湧，小孩在一旁陪著哭泣，六神無主的呆在那裡，圍觀的下班人員，以為發生了什麼大事，七嘴八舌的探聽著，把出入口的秩序搞得亂七八糟的，我只好帶他到隊部休息一下，替他倒上一杯水，他受寵若驚似的點頭鞠躬，忙不迭的說：

「不敢當！不敢當！」

我請他坐下，他回答口試官似的自我介紹：

「報告長官！我叫裘耀祖，河南人，自謀生活下來的，住在臺東，靠打零工生活。一年做不了幾個月，生活非常苦，有一餐沒一餐的，孩子也跟著受罪！」

他那種落寞無助的表情，令人同情。

「你目前有什麼打算？」我關懷的問：

「我希望能在這裡能找到一份工作，安定下來。」他以祈求的眼神望著我，等我的答覆。

我一時手足無措，怨自己好多管閒事，惹煩上身，男性在加工區找工作實在太難了，除非是學有專長的技術人員及管理人員，公司守衛更是僧多粥少，深感為難之際，我毫不在意敷衍地問他：

「你有什麼專長沒有？」

「報告長官，我會開車？」聲音短捷而宏亮。

「呵！會開車啊！」

我不由得眼睛一亮，馬上打電話給XX電子公司的莫總經理，因為他前天曾託我物色一為素行良好、不嚼檳榔不吸煙不喝酒的司機，我還挖苦他乾脆請孔聖人去開車好啦！心忖一定沒找著。果然不出所料。一陣歡喜，但轉瞬我又冷了下來嚴正地問：

「你會不會抽煙、喝酒！嚼檳榔！」

「不會！不會！三餐都吃不飽啦，哪裡還有錢去那個！」

「唉！你是沒錢買呀！還是不會？」

「不會！不會！真的不會！我豈敢欺騙長官！」他激動地高舉右手做宣誓狀。

「不會就好！不會就好！因為莫老總最討厭司機喝酒吸菸嚼檳榔了。」我輕拍他的肩膀，他眼神充滿著希望。

小孩太疲累了，竟靠在椅子上睡覺，睡得好沉，老裘急忙的叫嚷：

「國慶！國慶！快醒醒！」

國慶睜開惺忪的雙眼，四處搜尋張望，以為找到了媽媽，糊糊塗塗的跟在我們後面。來到XX電子公司，經我介紹坐定之後，莫老總對老裘上下打量著，且不住點頭，表現出很滿意的樣子。接著說明待遇及工作時間，還有公司的相關規定。老裘從頭到尾不斷的說：

「是！是！！！」

最後莫總經理皺著眉頭，望著一旁的國慶，不待他開口。我知道他的顧慮，我搶著說：

「小孩可以送去安親班，老裘下班後再接回來，不礙事的！」

「就這樣說定了，明天就上班！」莫老哈哈的說。

我們輕鬆愉快的離開公司，老裘雖然沒有找到老婆，卻找到了工作，我也有了為民服務，日行一善的快感。

老裘他住進公司宿舍，工作分外勤奮，莫老的座車，裡裡外外除了經常保持一塵不染之外，一空下來，什麼事都做，搬運啦！替同事跑腿啦！掃地啦！澆花啦！他掃地可不是自掃門前雪，連鄰廠也一視同仁，至於澆花嘛，也是觀音的玉瓶，甘露普施。因此公司總務人員為水費直搖頭。他認為對的，九牛也休想把他拉回來，公司員工對他敬愛有加，鄰廠人員也誇讚不已。

自從他來加工區之後，替隊上也帶來了很大的方便，譬如：馬桶不通啦！便池阻塞啦！他一弄就通，電燈不亮啦！龍頭漏水啦！他一摸就好，還有桌椅缺腿啦！他會去撿角材，鋸鋸鉋鉋的、敲敲打打的，塗上油漆，真是整舊如新。到不是存心想佔便宜，實在是公家機關想新購一樣東西，從簽呈申請，看樣比價，一層又一層要蓋一大堆圖章，真是麻煩一籮筐。因此，同仁們都把他看成隊裡的一份子，就連他的小孩國慶，也成了隊上的小工友小貴賓，同事有時工友不在要買香煙啦！寄信啦！送茶水啦！都找國慶準沒錯，大伙食團也不差一個小孩的飯菜，寒暑假同事們還替他補習功課。同事們如此厚待，並不衝著我的面子才如此，實在是他們裘家父子太誠實太可愛了！

臺灣經濟繁榮的翅膀，在高雄加工區起飛。荏苒的時光，隨著加工區的蓬勃發展飛逝。三年的時間，六十八公頃土地，蓋好一百六十餘家公司，投資者遍及全球，加工區正如一個小小聯合國，在圍牆內是名符其實的工業城，五萬餘名年輕貌美、活力十足的勞工們，每天踩著自行車，奔馳在前鎮的擴建路大華路的壯觀場面，莫不令人振奮。設立加工區的四大目標也超額超前達成，並延展到楠梓、臺中兩區的擴建。

六十二年的能源危機，正如一股洪流，它淘盡了加工區的渣滓。一些營運不正常的廠商有的倒閉，有的合併，有的改組，以求生存適應。

莫老總的公司，常發生藉故開革老員工的糾紛，其目的在節省資遣費用降低工資，也常在出入口查獲該公司員工攜出未稅產品。經驗告訴我，這是公司危亡的前兆，加強了解防範未然，是治安工作的最高原則。

一天上午，我在一號口外指揮交通，老裘開著莫老總的座車出區，他主動的把車子停在我面前，一言不發，我誤會他以為我要搭便車，急促的催他：

「老裘！快走開呀！不要停在這裡妨礙交通！」

他手扶方向盤，兩眼呆呆的望著前方，不進也不退，進出車輛「叭叭！叭！叭！」不停的猛按喇叭，我氣急的說：

「是拋錨啦！還是你中邪，發瘋啦！」

經我一罵，他仍舊一言不發，只是轉頭看後座，好像在示意什麼？我順著他的視線看後座，原來有兩只紙箱，我完全會意是怎麼一回事。打開一看果然是電子產品。上車後，不待我開口，他把車子開到我隊部，接受調查偵訊，我直截了當的問：

「莫老要你把東西送去哪裡？送過幾次了？」

「不！不！莫老不知道！我是偷出來的！」他誠實地欺騙我說。

他如此回答，真叫我跌破眼鏡，把人氣昏了，我拍著桌子，暴跳如雷地吼著：

「老裘啊！你睜開眼睛說瞎話，騙我是三歲小孩呀！告訴你，你承認是偷的，那是竊盜罪，牢飯可不好吃啊！你考慮考慮吧！」

曉以利害，我想他一定會鬆口說真情的，但他有出乎意料的鎮定，大有文天祥凜然就義的風範，辦了多少案，今天總算踢到了鐵板，他死不改口。為了勿枉勿縱，為了救老裘，我採取了釜底抽薪的辦法去找當事人莫老總，只要公司承認是叫他帶的，老裘的竊盜罪就不能成立了。對公司而言，只要罰幾個錢之後，還可以把未稅品買回來，我想是可以迎刃而解的。卻想不到莫老總一口否認。為了老裘，我跟他好說歹說了老半天，就是不肯點頭承認，最後我拍他的桌子狠狠地罵：

「好來好去嘛！何必設這麼一個圈套呢？害一個老實人哩！你擺明講，他會不要你一毛走路的！他明知是你的圈套，他甘心情願往裡鑽！他明知是火坑，他為了報答你，義無反顧的往裡跳！你不要以為是件小事，對老裘而言是一生的大汙點，一有前科記錄，還有誰敢請他！」

我一直罵，莫老總不斷的喝茶拭汗，我以為頑石要點頭了，沒想到他不慍不火地昧著良心說：

「老裘他自作自受，怪誰啊！」

聽他這麼說，真把我氣炸了，我咬牙切齒的說：

「奸商的嘴臉，在你身上表露無遺！」

我氣沖沖的拂袖而去，莫老總的一身醜陋，從此我懶得用正眼去看他。

老裘的案子，知是冤枉，但鐵證如山，我也無能為力。只有在移送書上說明本案的來龍去脈與原委，法官也能明察秋毫沒有收押，後來只判了兩年緩刑，從此加工區內不見老裘的蹤影，鄰廠有意要雇用他無法連絡，在我心中也留下老裘何以如此「死士」的疑團？

XX電子公司在不斷的糾紛中關門大吉，剩下的是向台銀抵押一空的廠房設備，以及未清的員工薪資。莫老早已出國「考察」，傳說去馬來西亞設廠，又說去了大陸。時過境遷，今天在這兒遇到了老裘，大統的冷氣竟吹散了二十四年厚厚的塵封。

一禮拜後，我準時去喝國慶的喜酒，由於高雄市的門牌不按牌理出牌，待我七問八問找到時，他們早已開席，四桌坐得滿滿的，只有首席留著，國慶看到我，一付欣喜若狂喊著：

「袁伯伯來啦！袁伯伯來啦！」

大家放下杯筷，迎接大人物似的一致看著我。他父子死拖活拉的要我坐首席，我一番推辭，他們以為我在禮讓客氣，其實我一眼瞄到空位旁那位坐輪椅滿頭白髮一臉憔悴的老翁，那不正是叱吒一時令我憎惡的莫老總嗎？不待我坐定，莫老總顫抖的右手，很吃力地舉起一杯酒，潑潑洒洒的沖著我說：

「袁先生，我為當年的不仁不義道歉，國家沒有懲罰我，但上天卻沒有原諒我，寬恕我！」

說罷，舉杯時不聽使喚的手愈加激動顫抖，未及嘴唇，把酒洒了衣襟，老裘馬上替他拭乾，縱橫涕淚映著懺悔的光芒，我抓住那隻痲痺的左手，瀟灑地說：

「陳年往事，還提它幹嘛！來！吃菜！吃菜！」

老裘不停地為我斟酒挾菜，好像非把我醉死撐死不可，國慶也在新娘子的耳邊嘀嘀咕咕的，我猜一定在訴說當年那一段，我趁著微醺，拍著老裘的肩膀質問他：

「老裘！當年那件案子，你為什麼不說實話要騙我呢？」

「啊！那件事，我當時考慮了很久，也知道莫老的用心，我不好出賣他。因為在困苦的時候，他救了我！」

莫老總只是歉疚的嘆著氣，為了自己的卑鄙流淚。

「我又想到載產品出區，被海關或其他的人檢查到，將對不起您，還可能發生誤會，若運出去對國家也是損失。」

「你故意停在我面前，目的是叫我大義滅友囉！」

「對！對對！我就是這個意思，同時也沒有損及國家利益。」他眉飛色舞的說。

「你為了三全其美，不惜犧牲自己的名譽，真是用心良苦，我錯怪你了！對不起！」

我緊緊握住他的手，表示歉意，他只是裂開嘴傻笑，他告訴我離家出走的妻子，帶著一身病歸巢，他服侍她七、八年之後在他懷中去世的，他還哀慟不已。

所謂：「天稱其高者，以無不覆；地稱其廣者，以無不載；日月稱其明者，以無不照；江海稱其大者，以無不容。」我看著老裘，他雖不是掀天拓地的英雄偉人，但他確有如此可愛的偉大胸襟；人家出賣他，他還替人家去借秤呢！

入夜，靜坐書室，凝望窗外，長空一片灰黯，但在黑雲的罅隙中，擠出一絲耀眼的星光。啊！那可不是老裘嗎！

螢火蟲

座落在高雄加工區自建廠房區雄偉的C公司，順著進入公司的門口，一間十坪大的警衛室，一分為三，靠裡面的是間燒開水的小廚房，中間是寢室，擺著兩張雙層鐵床，外面一間是會客室，也是警衛組的辦公室。

時值打狗不出門的六月大熱天，窗上那部辦公室淘汰下來的冷氣，雖然使勁的轉動著，風葉卡卡的響，不但不冷，反而令人發悶。

下班的王天祥，急著回家，臨走時又想到明天喝喜酒的事，於是回過頭來，問當班的吳火木：

「明天朱課長娶媳婦，去不去？」

「明天也是下午班嘛！禮到人不到算了！」

「嗨！那還不簡單，請組長代嘛！」

「那還不知道他去不去呢？」

「你放心！他是正字標記的廣東牙刷，保險不會去的！」一向嘴巴尖酸刻薄的王天祥很自信的說：「說到曹操，曹操就到」王天祥正開門外出的時候，組長也剛好進來，於是很霸氣的問道：

「組座，明天去不去喝朱課長家的喜酒啊！如果不去的話，乾脆替老吳代班算了！」

「唉！這幾天心頭又感到悶悶的，不能吃油膩的東西，代班這沒問題！」

「我看是送禮心疼吧！」刻薄成性的王天祥決不會放過這損人不利己的機

會就連組長的名字也是取笑的對象：

「組長啊！我發現令尊真會省！姓丁名一，連名帶姓才三劃，難怪組長更會節省！」但丁一組長從不生氣，慣常的露出白牙一笑置之。

提起警衛組長丁一，可是公司的開廠元老，也是公司受人議論的人物，因為他的作為總是讓人莫測高深。就拿婚姻來說，聽說長的不錯的工友阿珠，當年對丁一愛得死去活來，卻被他堅決的婉拒了，如今阿珠已是兒女成群，丁一，仍是一人飽全家飽，孤家寡人一個，外帶一身窮酸相。但有人說他是裝窮，估計他的存款少說也有八位數字上千萬了，這也難怪有人會這麼說他，你看丁一進公司二十多年來的穿著吧！冬天老是件草綠色的軍用夾克，由於年久褪色，白一塊，黃一塊的已經變成迷彩服裝了。夏天嘛！換來換去總是那兩件過緊的香港衫。那雙皮鞋，可更絕了，鞋跟釘上鐵碼，鞋掌托上輪胎，少說一隻也有三公斤，但鞋面始終保持纖塵不染，光可鑑人，走起路來可是不急不徐的標準齊步，「卡啦！卡啦！」人未到，聲音已經先到了！王天祥經常藉此挖苦他說：

「組長啊！你也可憐可憐賣衣服賣鞋的嘛！他們快都要賣孩子賣老婆了！」「能穿就穿，何必浪費呢？」丁一咧著嘴笑著說。

再說丁一，生的濃眉大眼，大嘴巴懸膽鼻、國字臉、留平頭，身高一八〇，一臉忠厚老實相，經常掛著和藹可親的微笑，「謝謝！」、「抱歉！」是他的口頭禪，但卻牽涉竊盜案進過法院。

記得公司有一年發生了竊案，令人懷疑的是，在被敲開的保險箱上，居然採到了丁一清晰的指紋，這令他跳進黃河也洗不清，當然啦！他自己不承認，而公司上上下下的人也沒人會相信是他幹的。同時因損失不大，公司也表示不願追究。但一直想幹組長的王天祥，心想機會來臨就在這節骨眼上，大力的煽風點火，藉此想把丁一組長拉下臺。不惜用狠毒的流言中傷他養女人不夠花，才鋌而走險。

警方對丁一良好的素行以及保險箱上的指紋既懷疑又矛盾，竊盜案是公訴罪，不能因被害人不追究就不辦，何況還有指紋證據呢！警方在愛莫能助的情況下將丁一移送法辦，想不到未予收押，當日下午就保釋候傳，回到公司照常上班，只是把微笑留在法院了。

王天祥眼看希望落空，好不氣惱啊！第二天喝得醉醺醺上班，在警衛室當著組長丁一的面，大發牢騷：

「組長啊！監守自盜真丟人！捉賊的人做賊，竟然沒事，你的本事可不小！法院難道是你舅舅家開的呀！唉！可惜包青天是生在宋朝啊！」

此時丁一很嚴肅的說：

「王兄啊！同事這些年來我何嘗不了解你的心意，姓丁的何德何能當組長，老實告訴你，我不只一次的向老總請辭來推荐老兄，但是老總不同意，不能怪我呀！你若不信可以去問你的同鄉陳祕書嘛！至於案子還未審理，還不知道結果如何？我更希望包青天生在今天，來洗刷我的冤屈，但我相信清者自清，濁者自濁，天理會還我一個公道！」

王天祥一直把睡獅當病貓，冷不防被組長單刀直入心房，在日光燈的照射下，臉色變成了紫紅，不但有酒醉的紅，更加上了內心的羞愧。他馬上起身，握了丁一的手，不停的鞠躬且萬分歉意的說：

「今晚多喝了兩杯，出言無狀，請原諒！請包涵！」

「哪裡！哪裡！老同事我不會在意的！」

案件發生以來，在公司可是傳說紛紜，他聽在耳裡不以為意只是深深的自責，沒有盡到責任，幾十年所樹立的信譽，一夕之間跌停板。下班後大辦公室上了鎖，規定警衛人員夜間不要進入，這就是對警衛人員的不信任。

但事有湊巧，一個禮拜之後，T市破獲了一個職業撬保險箱的竊盜集團，起出了C公司的支票簿，終於真相大白。丁一的冤情得以洗清，公司特別在警衛室掛了一串長長的鞭炮以示慶賀。丁一又在硝煙中找到那失落的微笑。

流水無情，歲月悠悠，加工區的人潮、潮起潮落，好快啊！丁一在屆齡退休前夕，很不幸的是，他竟然趴在辦公桌上去世了。警方一度懷疑謀財害命，但經法醫證明是心肌梗塞致死。

丁一的死，在公司又造成不大不小的震憾，大家想知到的快要有答案，他的存款去向？是否真的養了女人？消息也傳的真快，第二天就有一位自稱是死者丁一的表叔要清理遺產，並且說丁一在大陸還有一位八十多歲的高堂老母，正貧病交加，說的振振有詞。會計楊小姐心裡有數，於是從保險箱內取出丁一寄存的一封遺書，經邀同有關人員，一同拆閱：

「立書人：丁一，山東淄川縣人，自幼頻遭赤禍，父母雙亡，孑然一身，承國軍收留，隨幼年兵來台，受國家撫養栽培，愧無以為報。個人更因患有先天性心臟病，不願成家拖累妻兒，深感生命的意義在創造宇宙繼起的生命，更體驗幼吾幼以及人之幼的真諦，何必侷限於自我，故本人多年在軍中積蓄以及工薪，除酌留生活費外，悉數捐贈XX孤兒院。我沒能力為民造福，但願做一隻螢火蟲，雖然是渺渺小小忽隱忽現一點微弱的光亮，在無窮的黑夜裡，能帶給人一丁點的光明，最後感謝公司，更感謝楊小姐一直替我保密！謝謝。」

楊小姐滿臉淚珠，嗚嗚咽咽的唸完，大家不由得對丁一組長的偉大肅然起敬。一向看不起丁一的王天祥也感慨的說：「組長啊！我王天祥替你提鞋也不配！請恕我無知！」那位自稱表叔的不知什麼時候已經溜走了。

丁一先生的義舉善行，經新聞媒體披露後，對社會人心產生極大的影響。公祭那天，黨政軍各界輓幛、花籃花圈把靈堂附近擠排得水洩不通。一時冠蓋雲集，以及XX孤兒院一百多位院童，在張院長帶領下高唱聖詩，手持白燭，照耀他們所景仰而從未謀面的丁爺爺。

張院長接受媒體採訪時說：丁先生的捐款，已超過千萬，一直以為是公司的老闆，好多次與楊小姐連繫，想推荐好人好事代表去表揚，都被拒絕了，直到昨天楊小姐告訴我真相。丁先生太偉大也太自謙了，他不只是黑夜的螢光，他愛人甚己的精神，正如一把永恆的火炬熊熊的照亮人們的心靈，予孤苦無依的孩子們無限的溫暖與希望！更在目前功利的浪濤中，樹立一座偉然的道德華表，把生命詮釋得淋漓盡緻，他是位真正的偉人。

戈秀美的第二春

春二三月的南臺灣，儘管春寒已退，但尚有幾分料峭。深夜三點多了，宋太太戈秀美她們四人，仍然在為八圈「衛生」麻將苦戰終宵，每個人嘴裡叼著一枝香煙、在煙霧迷漫中奮戰不已，那熟練的摸牌動作，口含香煙模糊不清的「吃」與「碰」的聲音，兩張牌相碰的清脆聲、贏家的歡笑、輸家的嘆息，夾雜著隔壁胖子劉先生如雷的鼾聲，好似催眠曲一樣，宋太太雖然猛喝咖啡，但仍然支撐不住欲垂下的眼皮，不得不搗著嘴哈欠連連的。因為是贏家，不得不捨命陪君子，這也是排桌上的道義。

對門一向尖酸的劉太太看在眼裡，以為秀美是在傳達罷戰的訊息，心想假若不能繼續熬下去，那今晚的血本便無歸了，如是睇著秀美諷刺地說：

「怎麼啦！才三點多就哈欠連連啦，贏了想走！就乾脆說一聲，不要裝腔作勢的，告訴妳！萬而八千的我還輸得起！」

「越說越不像話了，大家都是多年好友，又曾是加工區的老同事，何必如此傷感情呢！來！繼續打！」張太太陪著笑臉打圓場。

戈秀美卻把牌一推起身，一聲不響，狠狠的瞪劉太太一眼，提著皮包，挽著風衣，氣沖沖的離開劉家，出得門來，一陣冷風迎面吹來，感到無比的舒暢，不由得深深的呼吸了好幾次，想吐一肚子的悶氣。

她回家的路程雖然不到二公里，但她一向是坐計程車的，而今晚想走路回家，好散散心，軟軟的平底鞋，採在紅磚道上，沒有一點聲音，偶而一輛呼嘯而過的計程車，輾碎了一街的寂靜。號誌燈在閃爍，成排的路燈卻向賭鬼一樣，眨著無神而死白的眼光，看著四週的爾虞我詐。

戴著斗笠，包著頭巾的清潔隊員，手持長柄掃帚，趁著黎明，用心地以汗水為美麗的市容洗滌隔夜的汙穢，掃去青春的皺紋，保持市容的煥發，他經過時不由得注視片刻，不是輕視，而是內心的感佩，感到自己是不折不扣的社會寄生蟲。

「唉！！！」

她長長的一聲嘆息，是良知的激盪，還是虛榮的醒悟。

轉角那間小店，燈火通明，遠遠就聞到燒餅油條的香味，誘發了她的空胃，信步走了進去，以為是第一位客人，想不到已經食客滿座了，她只好包了三份帶回家，也好給他們父子一個意外的驚喜。

走到門口，尚未開鎖，小黑就聞到女主人的氣味，一陣親切的「汪、汪、汪、汪」吠叫聲，打斷了他丈夫朝封的太極拳，毫不遲疑地跑來開門，看她是走路回家的，很關心地說：

「秀美！妳怎麼啦！輸得坐車的錢都沒有呀！深夜走路多危險啊！妳不好意思向她們借，也好打電話告訴我來接妳呀！一但有個三長兩短的，妳叫我與國柱怎麼辦？」

秀美看到丈夫如此疼愛關懷著她，縱容著她，內心湧上一股感激而慚愧的衝動，夫婦倆緊緊擁抱在一塊，真像一對久別重逢的戀人。

「我的好老公，你猜錯啦！我不但沒輸還是贏家哩！」

「妳發瘋呀！贏了為什麼不叫車！」朝封又是一番憐惜的責備。

「唉呀！我想走路散散心嘛，替你省錢還不好啊！」秀美撒嬌地說。

「唉！妳們女人啦！我真搞不懂。」朝封望著她直搖搖頭。

「走啦！進屋去，豆漿快涼啦！」秀美把塑膠袋提的高高的在朝封的面前晃來晃去。

「阿杜呀！快起來啦！媽媽買早點回來囉！」朝封提高聲音在喊叫。

「老爸！不要騙人啦！我早就起來了！」

秀美聞聲搖搖頭，望著朝封露出一臉歉然的微笑，國柱拽著報紙從房裡出來，縐著鼻子說：

「嗯！好香啊！」又裝腔作勢地擦擦眼睛，湊近看著秀美：

「真的是媽咪啊！好新鮮啊！」接著又搔搔頭說：

「把我弄糊塗啦！」

「有什麼事不清楚呀？好心好意帶早點給你們吃也錯啦！」秀美微慍的說。

「媽！不是！只是想不透而已。假若媽昨晚贏了，不會回來這麼早，假若輸了，媽那有心情替我們買早點呀！」國柱解釋著說。

「對拉！還是兒子分析的有道理！」朝封附和著說。

「有什麼好分析的嘛！是媽贏錯啦！劉太太輸對啦，簡單的說，是劉太太怕我贏了走路，故意挖苦人，弄得不歡而散，想不到多年的好朋友，翻臉比翻書還快。這一吵，把我徹徹底底的吵醒了，也覺悟了，我發誓從今以後永不打牌，要做一個盡職的家庭主婦。」

「我相信我的太太說得到做的到。」

「好棒啊！以後再也不要吃泡麵自助餐了！」國柱鼓著掌說。

「不要只想吃啊，找工作的事怎樣了？」秀美關心地問：

國柱取出報紙，指著整版密密麻麻的廣告說：

「媽！您看這一大片，都是事求人，現在找工作，是員工在選公司，不是公司在選員工？」

「你到底要選什麼樣的公司呢？」

「要選有制度、有潛力、有發展的公司，期望在工作中吸取新知識，學到新的技術！」

「話是不錯，但公司老闆花錢也要請有活力、有理想、有抱負，能以廠為家的員工啊！」

「當然囉！這是相對的，好的公司才能請到好的員工。」

「年輕人在外，要穩重謙虛，不可浮躁驕傲，驕傲的人隨便去那裡，是不受歡迎的！」朝封正經八百的訓誡國柱。

「爸！我知道！你不知講了多少次了！」

「好啦！快走吧，碰到塞車又要遲到了！下班早點回家，晚上我們吃火鍋！」秀美得意的說。

朝封駕車出了門，國柱跨上摩托車，戴上安全帽，一溜煙的走了，只有庭院的花木，把金色的陽光剪成一地斑爛，畫眉鳥清脆的叫啼，宛轉出一屋的深山幽靜。

秀美趕去超級市場，滿滿的採購一拖車，把空虛了好久的大冰箱，填得滿滿的，當「碰」的一聲關上冰箱時，也關住了那隻心猿、那匹意馬，心裡感到有一分莫名的踏實，於是又捲起袖子，把封塵的灶台鍋盆碗筷洗刷一清，滿頭的汗水，換來一片整潔，心頭有成就的快感。頓時她又聯想到，自己如此懶惰，丈夫兒子長久以來都能容忍。假若未來的媳婦也是如此，我恐怕不能容忍啊？搖搖頭，一絲苦笑，唉！八字還沒一撇，想那麼多幹嘛呀！

一身汗粘粘的，她想洗澡，想洗掉一身的頹喪，再痛痛快快的睡一覺。

躺在床上，燃上一枝煙，輕輕的吸一口，感到一口苦澀，隨即擰息，但她的思緒，卻隨著那縷輕煙在飄盪、飄盪。

她想到一句名言：「權力會使人腐化」，她更認為繁榮與富裕，也會使人墮落，養成心性貪婪。

她出生在臺灣東部的一個貧脊鄉村，童年的記憶裡，只有貧與苦。從小學到初中，父母從不准她放棄任何可以賺錢的機會，譬如幫人採水果、採茶葉、摘金針、大水之後去河邊撿石頭、撈魚苗。。。讀書只是閒時的副業罷了，那個時期，大家都窮，只是東部更窮而已。所幸，六十年代，高雄加工出口區及時成立，它打開了發展工業的大門，架起通向繁榮的橋樑，展著經濟起飛的翅膀，造成數萬個就業的機會，它也造成全國的震撼，加工區的一舉一動，都是新聞焦點，參觀的人潮，麥加朝聖似的，終年絡繹於途。求職的人員，不停地從四面八方湧到，趕搭新鮮的頭班車。

那時秀美抱著剛滿月的國柱，凝重的端詳著，心想若不離開家鄉，孩子將來還不是跟她一樣幫工賺點錢，窮苦一輩子，但父母並沒有讓孩子貧窮的權利！父母更有讓孩子接受良好教育的義務，於是她與朝封趁著加工區的熱潮，把孩子交託母親，大膽地闖進高雄，很順利地在高雄加工區一家美商電子公司擔任作業員，朝封也考上了夜大、半工半讀的完成了學業，她為照顧國柱的學業，七年後才辭職的。

雖然是隔了四分之一個世紀的歲月，但一回想到當年進加工區那股熱潮，心頭還感到熱熱的。每月區區的七八百新臺幣，甚感滿足，因為每個人為發展國家工業、繁榮國家經濟有份使命感，有份榮譽感，自認不是女工，不是作業員，而是國家經濟的尖兵，是經濟起飛的推動者。。。想著想著，臉上不禁浮現一絲得意的微笑。

她想睡就是睡不著，又點上一枝香煙，煙霧也罩不住亂飛的思緒，又想起自己這些年來乖離的行徑，從股票發瘋狂飆到投入地下投資公司，以及簽大家樂、六合彩等等，凡是投機、賭博、貪婪、冒險的事情，她無不跟著那股熱潮瘋狂起舞，結果是千萬以上的儲蓄散去不說，還欠一大筆房子的抵押貸款，三年前，在省悟、懊惱、自責的煎熬下，她的精神近乎崩潰。朝封怕她想不開，因此慫恿他去摸八圈散散心，正如戒掉鴉片，染上了嗎啡而不能自拔。唉！！她似睡非睡，似醒非醒懶慵慵的靠在床頭，直到陽光穿透西邊的窗帘熱熱地照在她的臉上，才從迷迷中醒過來，看看時鐘，已經下午三時了，晚飯的時間還早，中餐又沒胃口，乾脆去逛百貨公司，也好替他們父子添兩件像樣一點的衣服，同時也擺脫劉太太她們那一搭子的糾纏。

她走近百貨公司，迎面一股沁人的涼冷，令她精神一振，五光十彩的貨品，更令她眼花撩亂，尤其好多新奇的日用百貨，久未走進廚房的她，看到是那樣的陌生，每件都拿在手裡好奇地把玩著。

「戈秀美！」忽然聽到有人呼叫，抬頭一看，原來是趙老趙博望經理。

「哎呀！原來是趙老您呀！二十年不見了，真高興您老還認得我哩！」

「怎麼認不得？因為妳還是跟二十年一樣漂亮動人啊！」趙博望胖嘟嘟的臉上，露出風趣而和藹的笑容說：

「趙老您真會替人戴高帽，聽起來還真是蠻舒服的。」

「先生孩子都好嗎？」

「噢！託您的福，朝封去年調升校長啦，國柱跟加工區同年，今年二十六啦，正在找工作。」

「他讀什麼科系的呀？」

「好像是電子吧！」

「嘿！公司正在招考電子工程師，請他去報名吧！」

「他呀！可拿翹得很！工作機會很多，他只是在選擇公司而已，我到希望找份工作是真的！」

「不是在開玩笑吧！」趙博望睜大眼望著秀美說：

「是真的！趙老伯您不知道我這些年來有多墮落沉淪啊！」

「好！明天上午七點二十分我來帶妳，先試一個月！」

趙博望在秀美不斷「謝謝！謝謝！」聲中捲入了人潮。

晚餐桌上，秀美與沖沖的說：

「我明天就要去加工區上班啦！」

朝封與國柱從熱騰騰的火鍋中抽回筷子，停在空中，驚訝地望著秀美。

「哇塞！老媽真會掰！」國柱嘻皮笑臉地說：

「是真的！下午在百貨公司遇到趙老，已經談好了，他明天上午來接我。」

「有份正常的工作也好，精神有依託，對身心也有益處，原來希望妳去摸八圈，消消遣，解解悶，想不到妳們窮年累月的死賭，多傷身呀！不過工作也不能太勞累啊！」朝封關懷地說：

「好啦！我的好老公，我又不是三歲小孩，不用操心啦，快吃吧！牛肉片滾久了就不嫩了啦！」

他們樂融融地吃在嘴裡，暖在心裡，且深深地感覺到，有正常的家庭，才有健康的社會，才有進步的國家。

晚上秀美躺在床上，又是睡不著，一面高興自己的新生，一面又回想著當年在加工區的日子，雨天大家沙丁魚似的擠搭二十七路公車。生怕打卡紅字，扣全勤獎金。晴時則騎那輛破腳踏車在人潮中奔流，就這樣載走了青春，也載來幸福、載來繁榮！

第二天趙老駕著一輛黑色小賓士，很準時來到門口，上車後，沿成功路轉擴建路，秀美對沿途的景物感到非常的陌生，那螞蟻雄兵似的腳踏車陣不見了！取代的是風馳電掣的摩托車與小客車，人也少了，狹窄的馬路也寬了，唯有那道長城似的圍牆，仍然不改原來風貌。

「怎麼！現在上班的人這樣少呀？」秀美好奇的問：

「對！現在三區的廠商與員工，合起來還沒有當年高雄一區多？」

「什麼原因呢？」

「噢！以前我們是以廉價勞工作號召，工廠大多是勞力密集工業，目的在創造就業機會，現在嘛，由於經濟繁榮，工資上漲，且人力短缺，而轉型到自動化，生產高附加價值的產品。以前的加工區好比是一個一身贅肉的大胖子，現在是減肥後的精實。二十六年無情的歲月，它淘進了加工區的渣滓，也有情地培植出無數國際知名的殷商！」趙博望眉飛色舞的說著，秀美不住的點頭。

秀美換上工作服，趙博望領著她進入睽違了近二十年的工廠，放眼所及，廠房仍然保持著那份一塵不染的整潔，新奇的自動化機器人乖乖地在工作、生產線上，不再是當年一樣清一色的青春少女，發現有不少銀髮在鬢角發亮，真讓人感佩她們的勤勞與睿智。

趙博望把她介紹給品管組的舒組長說：

「小舒！這位是宋太太，她可是公司的開廠元老，多照顧！！」

「唉！什麼大送小送！從現在起我就不送，拜託還是叫我秀美吧！宋太太老是送錢給人家！」秀美風趣的說，逗得他們哈哈大笑。

舒組長告訴她如何品管檢驗，扭開鍵鈕，螢幕上顯出五顏六色的訊號，也繪出她燦爛的第二春，她開朗地笑了。

婪果

一樹繁茂的羊蹄甲，粉紅的花朵在朝陽的照耀下朵朵晶瑩剔透，雖然沒有飄香，卻引來成群的蜜蜂與蝴蝶，不時還飛來幾隻麻雀和白頭翁棲息一番。把一樓公寓的小小庭園，點綴得春意盎然。

南臺灣的春天雖然來去匆匆，暮春三月，白天已感懊熱，但入夜仍有幾分料峭。不冷不熱的20度C正是好睡的氣溫，徐勝男已經睡了一整天，她實在太疲倦了，因為公司正忙著趕貨趕船期，上上下下不分晝夜忙得人仰馬翻，個個體力透支，卻沒聽到一句怨言。勝男是組長，不要坐在生產線上，但要照顧到全線，所付出的心力卻遠比作業員要多。同時昨晚總經理請客慰勞，被新來的工程師小林灌了幾杯陳年紹興，醉得七葷八素的。一陣呼嘯而過的摩托車聲把勝男驚醒，她惺忪的發現，太陽已鑽進了西邊的窗櫺了，習慣地取來床頭櫃上的鬧鐘看看，已是下午四點了。

她感到頭暈暈的，口乾舌燥，想喝口水，水壺內卻是空空的，此時便想到同室十多年的好友珮芬，假若她在該有多好！隨時有水可以喝，且在她的照顧下，也不會讓我喝那麼多的酒啊！

她不由得注視旁邊那張空床，那是珮芬睡了十多年的床，現在已堆得亂七八糟，兩年來為了填補內心的一角寂寞，始終不願拆掉它。她蹣跚的走到冰箱旁，取出一罐果菜汁，插入吸管，狠狠的吸了一大口，頓時神清氣爽，通體舒暢，睡意全清。打開收音機，讓中廣音樂網網住這份空虛寂寞吧！

「啾！啾！啾！」一陣鳥鳴的門鈴聲，又驅散了這份空靈幽靜，打開門，竟是工程師小林，他一進門就嚷嚷著：

「勝男姐，昨晚敬妳酒，實在是出乎內心的一片敬意與感謝之忱，後來聽說妳醉了，真感過意不去，今特地買些水果來向妳賠罪！」

勝男很坦然的說：

「小林啊！你還吃我的老豆腐啊！假若我命好的話，兒子都差不多有你這麼大了。你是大工程師，而我只是個小領班，有什麼好感謝的？」

小林紅著臉，帶著被冤枉的無奈說：

「勝男姐，妳此言差矣！我是工程師不錯，但是徒有優良的設計，沒有優良的的製造品質又有什麼用呢？再說妳是公司的元老，吃的鹽比我吃的飯還多，後生晚輩哪有不尊敬的道理呢？」

被小林這麼一抬舉，勝男感到這個年輕人還不錯，在五倫喪盡六倫未立的今天，確係難能可貴，於是以灑脫的口吻說：

「唉！小林，請你不要為我昨晚酒醉的事自責，其實你不敬我，我也會灌醉自己的，所謂一醉解千愁，管它去！醉死就拉倒！免得牽腸掛肚的難過。」

「真看不出勝男姐也有愁，妳不是一向很看得開嗎？是為了另一半吧？」

「你不要瞎猜啦！我哪來另一半，只是為了她！」勝男順手只著擺在電視機上一張兩人合照相片。

小林於是取下相片，以為是位負心漢，卻是一位年齡相若長得很清秀的小姐，心想能令她到牽腸掛肚的地步，一定是他的姊妹了，於是很武斷的說：

「妳們真是姊妹情深，很難得！」

「你不要搞錯了！她不是我的姊妹，而是我十多年的『同居人』王珮芬，也曾是我們公司的組長，兩年前才離開的。」

小林聽她這麼說，想到人情淡薄至極的今天，居然有如此深厚的友情，若不是同性戀，實在很難想像，因此在表面上不免有幾分懷疑。勝男看在眼裡，猜到小林一定想歪了，於是加重語氣：

「你不相信？！告訴你，我們雖然不是親姊妹，卻是比親姊妹還親。我們同是天涯淪落人，同是孤兒院中長大，在婚姻上也同樣曾跌倒過。而今有一樣的理想和抱負，就是想積點錢，等退休之後做些回饋社會的工作。」

小林不由得心生感嘆與佩服，感嘆如此善良的人，命運竟如此多舛；而佩服的是，不管她們是否能達成理想，能有這份悲天憫人的情懷，在功利主義唯錢是從的今天，實在難得。

「勝男姐，請不要誤會，因為時下有妳們這種友情與想法的人實在太少了。對了，王小姐又為什麼離開呢？」

「唉！不說也罷，說起來一肚子氣！還不是那些該死的地下投資公司害人。她說要做什麼專員經理賺大錢，早點實現我們的夢想，結果兩人所有的積蓄都丟進去了，算是丟進了水裡，但我並不怪她，十二分利，又有幾人經得起誘惑呢？」

時間在沉緬的回憶中好像過得特別快，小林看看錶，該吃晚餐的時候了。

「勝男姐，我請妳吃牛肉麵好不好？」

「哈！吃牛肉麵還用得著到外面，冰箱裡面一大堆，什麼牌子的都有，經濟又衛生，任君選擇，何必去外面呢？」

小林兩手一攤，聳聳肩說：

「那只好客隨主便，在家吃泡麵囉！差點忘了正事，明天大夥去澄清湖烤肉，請你一定得去啊！」

「唉！你們年輕人饒了我吧！我這把老骨頭要趁這兩天難得的慰勞假好好休息休息；同時屋裡亂得狗窩似的，也好整理整理了，謝謝你們的好意。」

送走小林，已是七點多了，勝男扭開電視新聞，竟又是掀桌子，摔麥克風，打來打去扭做一團的畫面，看了教人心煩厭惡。真不知這些民意代表除了表演這些，還會什麼？「啪！」的一聲，把電視關上，隨手又扭開收音機，想讓音樂驅散瀰漫室內的孤寂，而播出的卻是一首令人傷懷的「月琴」。於是換上一卷錄音帶，故意把音量開得大大的，讓快速跳動的音符在寂寞中盪漾。其實，內心的寂寞任什麼也無法掩蓋。此時突然想到出家人的四大皆空，超脫現實的崇高人生，那實在難以想像。她又想到與珮芬的種種過去，想到現在，也想到未來，思緒好像一艘掉入漩渦的小船，怎麼也理不出一個頭緒來。

「嘟！嘟！」突然電話鈴響起，從冥想回到了現實，勝男噓了一口氣，大有超脫之感，急急忙忙的抓起聽筒，喂了老半天，那端卻是靜悄悄的，她忍不住罵道：

「你吃得太飽，撐得難過，拿妳老娘來消遣啊？莫名其妙！」悻悻的掛掉電話，安慰自己，也可能是碰線吧！習慣地走近酒櫃，斟滿一小杯烈酒，想藉此酣睡。結果是心緒不寧，整晚是夢，一片片無法拼組的碎夢。

睜開眼睛已是六點半，想賴到七點再起來，忽然門鈴響起。不明所以的穿上拖鞋跑去開門，卻前前後後不著人影。奇怪的摸摸自己的額頭，並沒有發燒呀！現在也不是七月半，又是大白天的。勝男安慰自己，可能是小孩子惡作劇吧！管它去！

兩天的慰勞假，在宿中醉酒、愁煩及難以拼湊的碎夢中度過了，她全身有懶洋洋的無力感，但一進入工廠，她又回復成一條生龍，遊走生產線熟悉的節奏裡，中午休息，B組的老同事惠珠，突然跑來悄悄的對勝男說：

「嘿！昨天我到大立百貨逛街，看到一個好像珮芬哦！」勝男不由得眼睛一亮，卻很疑惑：

「妳可能看錯人了，她到了高雄，不可能不回家呀！」

「對呀！大概看錯人了！」惠珠看勝男一副自信的模樣，也不便潑她冷水，只好順著她。

一旁的淑君卻插嘴說：

「哪裡啊！珮芬一向好強，她哪有臉見人嘛！」

偌大的工廠生產線如同一條條小溪，緩緩地在流，你可以聽到勝男的心潮在澎湃起伏。由惠珠看到的，昨晚的無聲電話，今早的門鈴，三件事湊在一塊，敢確定是珮芬沒錯，勝男不由得暗暗在罵：

「死東西！把錢搞光了，還要捉弄人，哼！死要面子，活受罪，看你能硬到幾時！」

說也奇怪，勝男此時的心情卻一反常態的輕鬆，大概是「情到濃時反為淡」吧！

下班鈴聲關住了生產線的閘門，交通車又載走一車車的疲倦。勝男滿懷希望珮芬已經回家，打開門鎖，卻仍是一室的寂靜，她失望的靠在沙發上，懶洋洋的。應該是晚飯的時候了，卻沒有一絲的食慾。一顆心七上八下的，眼皮又跳個不停，心裡感到莫名其妙的慌。於是走向酒櫃，斟了杯威士忌，慢慢地啜著寂寞，飲著空虛，好讓思緒進入空冥！但酒入愁腸愁更愁！萬萬沒想到，沒兒沒女的，也有著麼多煩心事，內心不禁溢出一絲苦笑。

「嘟！嘟！嘟！」電話響起。拿起聽筒，是公司守衛老廣，以一口廣東國語外夾客家話，氣急敗壞的說：

「徐組長，剛才XX旅社打來電話，說有位王珮芬服安眠藥自殺，在她皮包裡有你的名片。」

「她死了沒有？」勝男好像如夢初醒，本能地如此反應。

「啊！旅社的人說，送M醫院急救去了，情形他們也不清楚！」

勝男掛上電話便急急地趕去醫院，在車上，倒顯得無比鎮靜。她深信生死由命，富貴在天，假若該死的話，當年被父母棄置路旁，早就被車壓死，被野狗刁走了。在此珮芬生命攸關時刻，勝男不禁祈禱愛世人的耶穌基督，只有祂有叫人復活的大能，只有祂是困難中唯一的依靠。

急診室濃濃的消毒水味，籠罩著與病魔災難搏鬥的病人，也緊緊的捆著親友們的心，他們不約而同的盯著那扇亮著紅燈的手術室大門，深盼穿著手術服的醫師走出傳來好消息，當門開啟時，勝男馬上衝上前去，攔住醫師問：

「請問醫師，那位吃安眠藥的小姐情形怎樣了？」

此時勝男的心情無異是等待珮芬死刑的宣判，雖然只是幾秒鐘，卻感到時間凝固了，手心直冒汗，眼睛睜得大大的，等著大夫的聖諭裁奪。

主治大夫滿頭大汗，慢條斯理的取下髮罩和口罩，面無表情的說：

「噢！那位小姐，好在發現的早，已經脫離險境，休息兩天就好了。」

勝男在心底暗自埋怨，做醫師的竟如此冷血，宣布這麼好的消息竟冰冷若此。但無比的欣喜使她仍連聲的謝謝大夫，而在心裡更忙不迭的感謝主。

又是一個好天氣，陽光鑽進窗櫺，把客廳篩飾得斑斑爛爛。早餐桌上，珮芬流著淚，神情憔悴的說：

「自從公司倒閉以後，我每天都在悔恨中過日子。二百萬，是我們兩個賣掉十幾年的青春，流了十多年的汗水換來的，悔恨交加中，我只有想到一死了之！」

勝男拍著珮芬的肩，誠摯的說：

「錢是人賺的，命只有一條，自殺是最傻不過的事。古人說『失之東隅，收之桑榆』，這也算是個教訓。地下投資公司這股歪風，不知吹倒了多少人，想想，你要人家的暴利，人家當然要你的老本啊！天下哪有不勞而獲的？唉！當初我也沒有十分反對過妳，就算是貪婪的報應吧！你也不要太自責了。現在公司正缺人手，歇兩天上班去，讓我們重新來過。吃吧！東西涼了不好吃！」

珮芬頰邊掛滿新生的淚珠，似一朵沾滿朝露迎接黎明的百合，憔悴的臉龐終於綻放出一粲微笑。

福人福地

今天在地方新聞版看到一則吳市長表揚好人好事的新聞，我一時感到分外的驚喜，因為所表揚的杜懷三，好像就是我那失去聯絡多年的好友。我興沖沖的拿著報紙去廚房告訴正忙著燒菜的老伴，並中大獎似的嚷著：

「老伴！老伴！妳快來看這條新聞！」

老伴並不因為我的熱切而受絲毫感染，仍是柔柔靜靜的。

「都七老八十的人了，還跟年輕人一樣毛躁！」

按捺不住心中的急躁，我乾脆把報紙擋在她眼前。

「妳看嘛！妳快來看嘛！」

老伴見我如此在意，只好關掉瓦斯爐，用圍裙擦乾手，我趕緊到床頭櫃取來眼鏡替她戴上，她這才關公讀春秋似的讀將起來。左瞄右瞄，橫來直去的端詳之後，她說：

「這是好人好事的報導嘛，干你何事？」

「妳看這個杜懷三，長得有點像我跟你提過的老杜，只有額頭上那道疤像，臉型卻變了。」

我指著報上的圖文解釋著。

取回報紙，再三端詳，我的懷疑加深了。的確臉型差得太遠，記得老杜是瓜子臉，相片上看起來卻是肥胖適中的國字臉啊！一副紳士像。這時我很惱火新聞記者，為何這種社會光明面的好人好事，不做更深入的採訪報導？

卻喜好在社會的黑暗面大作文章，常連當事人的祖宗八代都寫得詳詳細細，目前社會的許多歪風，傳播媒體實在難辭其咎。心裡正嘀咕的當兒，老伴說話了：

「慨捐五百萬做慈善經費，不是個小數目耶！真會是他嗎？」

的確，五百萬不是個小數目，但在有錢人眼裡並不算什麼。現在的億萬富翁太多了，有愛心的人卻又太少。外國人批評台灣是「貪婪之島」，我們自己也承認是富裕中的貧窮，我們的經濟繁榮如同長了翅膀的鳥，飛上天，卻把道德留在谷底，儘學外國人的生活享受和自由民主，卻不願守法守紀，總想不勞而獲。

懷三的事，並沒有隨菜湯送進胃裡，相反的就像一塊未煮爛的排骨擱在心上。飯未吃完，忽然想到查電話簿試試。老伴見我食不知味，若有所思的樣子，關心的問：

「怎麼，還在想那件事啊？」

「是啊！我想，可以查電話簿試試看。」

「要查吃飽飯再查吧！不急呀！」

我生就一副急性子，三口兩口的把飯扒進嘴裡，連忙從茶几下找出電話簿尋寶似的查閱著，把姓杜的從頭到尾，一個不漏的覓著，弄得我頭冒金星，滿眼盡是蠕動的黑點，結果是徒勞無功，不禁一聲嘆氣。老伴安慰我：

「有錢人電話簿上是很少刊的！」

人就查不出來！」

「對啊！我怎麼這樣笨呢？」

「哼！你現在才知道呀！」老伴一陣揶揄。

「我不信邪，刑事警察無頭公案都查得出來，我不相信一個有名有姓的人就查不出來！」

「就算你能查個水落石出，他就是他，你又想怎麼樣？這個年頭的有錢人，把窮親戚窮朋友疏得遠遠的，生怕別人伸手向他借錢，一天廿四小時保全人員不離身，還天天耽心歹徒綁票。」老伴又在潑冷水。

「唉！怪了！人家有錢是人家的，我又不是想人家的錢！」

「既然如此，又何要大費周章，窮追不捨呢？」

「我好奇嘛！看看他是中了六合彩，還是炒股票發了。」

「我看不是好奇，是想過過『救命恩人』的癮吧！」

被老伴一語擊中要害，我惱羞成怒，但實在無法辯駁什麼，再說只會傷和氣，便拂袖而去。

走進書店，翻閱大小報，除少數幾份有相同的報導外，其他的根本隻字未提，大概太正點的新聞比較沒人看吧！我又把希望寄託在晚間的電視新聞上，不到七點半，便正襟危坐的在等，一直看到氣象播報完畢，仍是失望。

夜幕深垂，萬賴俱靜，思潮卻隨著枕邊老伴均勻而微的鼾聲起伏盪漾。往事之帆盪入了時空隧道，放錄影帶似的，一幕幕顯現腦海。

那是民國五十六年吧！剛從豔陽高照的高雄，暫調雨都基隆金瓜石礦區任警員。拋妻離子的心情就跟基隆的雨季一樣的陰霾沈悶。只要沒有工作，最愛撐著黑雨傘在海邊漫步，基隆山和陰陽海總在細雨迷離中展現神祕的英姿。我不找詩的靈感，更不是尋小說題材，只是感到，霏霏湮雨中，心中有股飄飄然的舒暢感。偶而一天不下雨，反而會感到渾身不自在。

我極愛零點到四點深夜勤海邊的那個崗。屋外的風雨拍著玻璃窗，一盞暈黃，讀古文，吟唐詩，神遊詩文之中，與古人交會，隨他們的豪壯而豪壯，感知而感知，感懷而感懷，渾然忘我。尤其在寒冷的冬夜，用電爐泡一碗麵，吃在嘴裡，暖在心裡，那種滿足的快感，我想，神仙生活只不過如此吧！

當風停雨歇，把燈捻息，又會有另一番不同的心境。此時，四周一片黑暗，但內心卻感到特別光明，雖不見星月交輝，卻可欣賞在波濤中起伏的點點漁火。他們與黑夜挑戰，和大海挑戰，他們所擁有的是奮鬥的人生，所唱的是生命之歌。分秒不差的海浪拍岸，好像樂章中加重節奏的鑼鈸聲，高亢得令人興奮，它是宇宙的脈動，是向漁民們發出的誠摯讚美。

一天，交過崗，東方已露出魚肚白，起身伸個懶腰，舒暢一下筋骨。走出戶外，颼颼寒風又夾著一陣斜雨，在路燈照耀下，似一束束的銀絲，美極了！撐開雨傘，步履輕盈的踏上回宿舍的泥濘路。走著走著，突然看到路旁鐵道上好像有什麼東西，於是我掣亮手電筒探照，原來是個人蜷在那裡，頭部正血流如注，已奄奄一息，待仔細端詳，他可不是老杜嗎？不由分說，我急促吹響口笛，附近居民，車站值班的，海邊撈魚苗的皆聞聲趕到，然後七手八腳的把他抬去了醫務室。現場留下三個紅標米酒瓶，還有一個包著紙條的塑膠袋，在鐵軌上用石塊壓著。我好奇的取出來看，上面恭恭正正的寫著：「海女，對不起，我實在活的很痛苦，不願拖累你，希望你替梅梅找一個健康的爸爸！懷三絕筆。」

我把字條留了下來，想萬一有個三長兩短，發生什麼風波，也是一項有力的證據。

在早餐桌上，我好奇談起這件事，原以為是轟動礦區的大新聞，未料在老同事的眼裡，卻是像喝稀飯一樣的平淡。

「金瓜石除了金礦銅礦之外，就是酒鬼多！賭鬼多！雨多！」老張不屑的說。

「我只知道山地同胞嗜酒如命，而這裡的人也嗜酒，大概是雨水太多，喝酒驅濕除寒吧！至於賭，可能是因為沒有其他娛樂的關係，才以賭博來消遣。」我說。

「你不知道啦！這是礦工的普遍現象，一般人說礦工是未死先埋的人，他們每天提著電石燈出門，進入礦內如同下十八層地獄，沒出動前，誰也不知道是否還有明天。所以他們總抱著今朝有酒今朝醉的心理，醉酒是麻痺自己的最好辦法。他們有酒必喝，每喝必醉，大有那種『醉臥沙場君莫笑』的灑脫。」老張以老鳥似的口吻說。

老陳夾起一塊脆瓜塞進嘴裡，若有所悟的說：

「奇怪呀！杜懷三是不喝酒的啊！他進坑不久，還沒有染上老礦工那種惡習。同時他討了一個如花似玉的老婆，也生了一個女兒，生活一直很規律美滿呀！」

「冰凍三尺非一日之寒，凡事都是慢慢養成的，有第一次，就有第二次，杜懷三又不是孔老夫子，又有什麼好奇怪的？至於家庭生活嘛，家家有本難念的經，我們只能看到人家的表面，老婆漂亮又不能當飯吃！生活美滿應是多方面的組合才是。」老張如此反駁。

老張說話雖然不無道理，卻有點找碴抬槓的味道。老陳於是白眼一瞪，放下碗筷，悻悻的離開。

他們把杜懷三看成一個新酒鬼，是因為我沒把他留下字條意圖自殺的是告訴他們。而這件事對礦區而言，就好像一粒石子投進大海，從此無聲無息。對我，卻像石子丟進心湖，掀起圈圈漣漪。對這件事，我產生了濃厚的探底興趣。

我初來乍到的，沒認識幾個人，但對杜懷三的印象卻是特別深刻，因為每天上班，第一個打卡的準是他，他也總勢畢恭畢敬的行個鞠躬禮，說聲：「長官您早！」

下班出礦時，不待你叫喚，他會自動立正在我面前，打開便當盒，以及那只被泥漿染黃的帆布袋接受我檢查。當檢查完後，離開前又會說：「長官您辛苦了，謝謝！」

他這樣中規中矩，謙卑而不自卑的態度，確實可愛得令人敬佩。雖然他身材不夠魁梧，但短小精悍更顯得精力充沛，活力十足。每次目送他踏著不急不徐的穩健步伐離去時，內心總會產生一股與他結識結識的衝動。

每天深夜值勤下來，早餐後習慣地總要睡一覺，但這會兒躺在床上卻是翻來覆去的睡不著，老想著那件事，而杜懷三的血臉也一直在眼前晃呀晃的。於是起身，拉開窗帘，天氣仍是因沈沈的，但是沒有下雨，去看看他吧！我爬上兩百級的滑石梯，往醫務室去。踏進那唯一的一間病房，見他直挺挺的躺在床上，頭上裹滿紗布，面色黑中透白，大概是失血過多的關係罷！兩隻無神的眼盯著斑駁的天花板。看到我時，他嘴唇輕微的顫動著，手腳一陣掙扎，要坐起來打招呼。我趕緊安慰他，並阻止他：

「好好休息，不要起來了！」

幫他攏一攏棉被，並把那隻未打點滴的手臂蓋好，卻見他淚如泉湧，不知是被我的關懷感動了，還是悲從中來呢？我順手取出衛生紙，替他把眼淚拭乾。

劉大夫來巡視，調整一下點滴，又按一按脈搏，正要離去時，我關心的問：「請問劉大夫，杜先生的情況怎麼樣？」

「還不錯，正在慢慢的恢復中，所幸即時發現，若在晚一點，不是流血而死，在迷霧中也會被早班的火車輾死。大概是遇到了貴人了。」

「大概是閻王爺看杜先生不順眼，拒絕他志願提前報到吧！」我風趣的說。

「吉人天相！吉人天相！」劉大夫打著哈哈離去。

外面又飄起雨絲。時間隨著玻璃瓶中的點滴液溜走，時鐘已指向十一點半，開飯時間到了。當離開病房時，剛好一位標緻而清瘦的少婦，背著一個小孩，右手拿傘，左手提熱水瓶進來。

「想必你就是杜太太了，我姓袁，調來這裡不久。」

「謝謝袁先生來看他，實在不敢當！」她一面說一面點頭鞠躬。

「杜先生不會喝酒勸他少喝點，這樣多危險呀！」我表達自己的關懷。

杜太太氣急的說：

「懷三平常根本滴酒不沾，昨晚不知是那條筋不對。」

「唉！可能是最近身體不好，好久沒進礦，心裡煩悶吧！」

「留得青山在，不怕沒材燒，身體要緊呀！」

「對呀！我也是這樣勸他，他老是覺得坐吃山空，還吵著要跟我離婚呢？」

看杜太太一臉的無奈和傷心，眼圈紅紅的強忍著欲掉下的眼淚，我當然不能把那張字條的事告訴她。

當第三天再去看他的時候，他已經出院回家休養去了，我再也不把這件事放在心上。但大約在一星期之後，懷三和他太太海女卻來了，提著兩隻大豬腳，幾大把麵線，一見我，同時跪下，如搗蒜似的猛磕著頭。杜太太反覆的唸著：

「感謝袁先生救命大恩……」

來不及阻止，也拉扯不起來，我也只有口拙舌笨的說著同樣的一句話：

「快起來！不敢當！……」

從磕頭的頻率速度來看，老杜是很勉強的，海女磕了三個了，他還沒伸直腰，我認為這不是身體未復元的關係，而是以為我管了閒事，擋住了他的黃泉路。其實，對他要尋死的原因，我仍有濃厚的興趣，只是不好意思探聽而已。

不久，一個無風無雨，又不見星月的晚上，我正在海邊服勤，杜懷三竟然跑來了。一只昏暗的燈泡，照著他那又黑又黃的臉。一見面，仍是一樣的一鞠躬，一副靦靦腆腆，手足無措的樣子。握住他冰冷的手，我說：

「天氣這麼冷，不在家好好休息，跑出來幹什麼呀！」

「心裡好悶啊！想找你聊聊。」他有氣無力的說。

「對！有事情不能悶在心裡，會悶出病來，天下沒有什麼無法解決的事。話又說回來，你都能有尋短的勇氣了，那還有什麼不能解決呢？」

一談到尋短，他很難為情的把頭低下，一時不知從何開口，猶豫良久。

我生怕剛點燃的引線被我打熄了，便鼓勵地說：

「人都有糊塗的時候，老是往牛角尖裡鑽不是辦法，把牛角尖鋸掉，不就海闊天空了嗎？」

他不住的點著頭，似乎很贊同我的看法，臉上卻擠出一絲勉強的微笑，而一開口又是：「報告長官！」好像是他的口頭禪似的，我有點不耐煩的說：

「唉！什麼長，什麼短的，脫下衣服都是一樣的，何況我並沒有帶過你，乾脆叫我老袁好啦！」

「長幼有序，這怎麼可以呢？」

「嘴巴長在你臉上，隨你叫好了！」我有些生氣。

我知道自己並不是讓人傾訴的好對象，同時也缺乏協談人的那份耐心與技巧，因此不能一開頭就把「門」關住了。看他一時愣在那兒，我得找話題，打開這種僵局。

俗語說：「妻子是人家的好，兒子是自己的好。」不妨從他的女兒梅梅談起。

「梅梅白白胖胖的，眼睛大大的，還有兩個小酒渦，好可愛啊！難道你不喜歡她？」我用激將法。

他一開始有幾分激動，而慢慢的便為嗚咽，眼淚也衝開了心頭的閘門。我輕拍他的肩膀，且安慰他說：

既然喜歡，就好好的撫育她，栽培她。你一走了之，留下她們孤兒寡婦的，讓人情何以堪？」

還不懂事的時候。」他低頭輕輕的說。

「我在決定之前，這些事情都想過了，覺得還是走這條路最好，趁梅梅還不懂事的時候。」他低頭輕輕的說。

「真的如此，梅梅才有幸福？」我感到懷疑。

他很肯定的點著頭，然後說：

「因為從我太太海女身上，我看到了梅梅的前途。長官，你不知道，我岳母去世的時候，不到六十歲，就嫁了三個丈夫。」

我以訝異的眼光看他，他即時會意：

「長官，您別誤會成我岳母水性楊花。在礦區工作，意外和疾病常有，她的第一位丈夫是被落盤壓死的（炸礦之後，頂上已鬆動還未落下的礦石，因受震動而下落）；第二位是爬吊井摔死的（吊井是上下層礦場交通孔道，寬約二公尺許，高十四、五公尺，似一支大煙囪。井壁釘有木梯供攀登，礦石由井口倒下，終年滴水，木梯常滑溜不堪）；第三位是患沙肺死的（沙肺是礦坑內風鑽工的職業病，是因沙塵吸入肺內，黏住肺壁，使肺葉失去功能）。而今，我也得了沙肺，這等於被宣判了死刑。現在只能吃喝，不能工作，還能給妻兒幸福嗎？再拖下去，海女也會同她媽媽一樣的命運。」

終於明瞭他欲尋短的原因，這確實令人同情，但自殺並不能解決問題，於是我嘗試開導他：

「懷三，恕我直呼你名，因為我比你大幾歲，在臺灣又無親無戚，我要奉勸你，你這種行為，根本不像一個受過訓練的軍人。如此消極，沒有一點奮鬥精神。我們走過大江南北，穿過槍林彈雨，都沒餓死也沒被打死，為了病，卻要拋妻棄子的尋死，為什麼不用打仗的精神去和病魔搏鬥？為什麼沒有交手就投降了呢？」

他感動得緊握我的手，眼淚又簌簌而下。在昏暗的燈光下，他眼中透出希望的光輝。

「謝謝長官，不！讓我叫你大哥好嗎？」他期待地望著我。

「好，當然好呀！四海之內皆兄弟也，何況湖南湖北有只隔個八百里的洞庭湖而已。我想，你應該趕快去離開這窮山惡水的地方。因為礦源已竭，金屬公司遲早會關門的，你只是臨時工，還有什麼盼望？現在高雄正在建加工出口區，需要很多員工，像你這樣肯吃苦的人，去那裡是受歡迎的。同時，改變環境，對你的身體也很有幫助，去闖闖看！」

「是！是・・・・」他不住的點頭，不住的應。

時光在談話中溜得特別快，看看錶發現快十二點了，我便催促他：

「懷三，快回去吧！不要讓海女擔心你又去喝酒了！」

他不好意思的告辭了，又是深深的一個鞠躬禮。目送他輕快的身影消失在黑暗的坡道上。

第二天是我輪休日，難得沒下雨，天可憐見的還擠出一絲陽光，同人們打招呼，叫人不要忘了天上還有太陽。懷三來找我去八斗子釣魚，我本想去爬雞籠山，但為了多鼓勵他一點，只好投其所好的陪他去了。他釣魚的技術不錯，下竿不到幾分鐘，就釣上一尾。魚甩上岸以後仍拼命蹦跳掙扎著，我便借題發揮：

「你看！魚都懂得不向命運屈服，那怕生存一刻，就要抗爭一刻，更不會自離海中尋死。我們每個人的生命，都得之於上帝，我們自己無權延長或縮短，我們所能做的只有為生命而奮鬥，來傳承生命！豐富生命！光輝生命！」

「謝謝大哥的開導，我完全懂。昨晚回家和海女商量，他好高興啊！她要我先去高雄，待我找到工作安頓好之後，她和孩子再去，還說，這裡除了公司這間破宿舍之外，可說是一無所有了，沒什麼值得留戀的。」他一面說，一面把釣勾從魚口中取出。

我隨手取出那張字條交還給他，他卻即刻把它撕得粉碎，好像要狠狠的塗抹掉一次糊塗的錯誤一樣。飛散的紙花在一陣浪花之後，霎時飄得無影無蹤。

不久，他遠走高雄，我則從雨都暫調煤都，又從煤都調到金山，兩人從此失去聯絡。

二十幾年前的這段往事，在老伴的鼾聲囈語中，如雲如煙，似真似幻在腦海中浮沈著，至天亮還沒靠岸呢！起床晨跑中，一時想起戶口通報台，不費吹灰之力的找到了杜懷三的住址，年籍相符，應該不是同名同姓的吧！

晚餐後，雇車前往。那是C區一處高級住宅的一幢五層的高級別墅，庭院寬敞，花木扶疏。我一按門鈴，對講機即傳出一個小男孩細細嫩嫩的聲音：「誰呀！」

「我是找找杜懷三先生的。」

「阿媽！快來啊！有人要找我阿公！」只聽孩子這樣嚷著。

不久，一個婦人操著臺灣國語說：

「請問先生貴姓，找杜先生有何貴事呢？」

「我姓袁，是杜先生以前在金瓜石的朋友，請問你是海女嗎？」

「是啊！是啊！我聽出來了，你是恩人袁大哥！」海女聲音透著極度的興奮與熱情，極為感人。

海女親自出來迎接，在高亢的狼犬吠聲中走入客廳，她問我喝些什麼，我選擇了茶。

趁她泡茶的空檔，我瀏覽了一下客廳的佈置，四週牆壁掛滿懷三夫婦和一些達官顯要的合影照片，還有歷任市長贈送的匾額；什麼「急公好義」、「慈悲為懷」、「樂善好施」、「積善慶餘」，配上黑底紅底金字，在燈光的照耀下，滿室生輝。一組高級皮沙發擺在中央，靠正面牆有一只大水族箱，兩尾紅龍悠然自得的游來游去。

海女奉上茶，坐在對面，微胖的臉上堆滿笑容：

「大哥現住在那裡呀？」

「我也住高雄！」

「唉！這些年，懷三一直在打聽大哥，都沒有結果。」

「幹我這一行的，有時一年調幾次，跟好多老朋友因此失去聯絡。怎麼？懷三他不在呀？」

「噢！今晚他應酬一位美國客戶去了，我已經打了呼叫器去了，他會很快打電話回家的。」

「不要叫他回來嘛，做生意要緊，我改天再來。」

「沒關係的，那位美國客戶在高雄要住一段時間，應酬有的是機會。」

「鈴．．鈴．．」電話響起，海女接電話：

「懷三嗎？你趕快回來，有位老朋友來看你．．我告訴你，要給你一個意外的驚喜。」

不到一刻鐘，懷三就回到家裡了，一見面馬上認出我來，接著又是一個立正鞠躬，並熱忱的說：

「報告長官．．不！大哥！不！不！長官！」

海女看著懷三緊張興奮的樣子，打趣的說：

「是不是喝多了酒呀！語無倫次的。」

「哪裡呀！是太興奮了！」

我們兩人熱烈的緊握著手，上下擺動著，良久良久。

「我找得您好苦啊！大哥是怎麼找來的？」

「是五百萬新臺幣帶路的呀！你是一位大善人，也是新聞人物，還不好找嗎？」

「大哥，您太誇讚我了，實在不敢當。」

「當之無愧，當之無愧，這些就是證明。」我指著牆壁上的匾額說。

「我杜懷三能有今天的成就，是大哥您給我的，是高雄給我的！」他滿臉虔誠的說。

「這些都不是誰給的，譬如一艘船，指南針指引它前進的方向，而船自己不前進，又有什麼用呢？」

懷三一臉謙虛的微笑，不停地點著頭。海女又給我的茶沖上水。我好奇的問：

「你目前從事什麼行業？是用什麼法術，能有今天的成功呢？」

他啜口茶，微笑頓時消失，代之以眉頭深鎖，一臉愁苦：

「是五十六年的秋天吧！我一個人來到高雄這個工業港都，很順利地在加工區的一間日本人開的工廠找到一份工作，是製造各種球類的。我一天到晚，一年到頭操縱機器，做相同的動作，雖然很單調，但為了生活，我甘之如飴。但人是不滿現實的，總有無止盡的慾望。」

「對呀！不滿是進步成功的原動力，但假若是好高騖遠，眼高手低，好逸惡勞的不滿就不成了。」我插嘴。

「我一開始只想求個溫飽，能安全、安定，這些公司都給了我。後來就夢想，有自己的工廠該多好。雖不信教，但每天也都這樣熱切的祈禱著。」

懷三稍帶羞赧的繼續說著。

「大哥！不怕您笑話，那段時間，懷三說夢話老是那一句：『我要開工廠！我要開工廠！』呢！」海女得意的插嘴。

「俗話說得好，日有所思，夜有所夢，夢是現實的反應，怕只怕做白日夢啊！」我解釋著夢。

懷三清清嗓子又說：

「就在六十年的春天吧！公司為了要自動化，減少用人，提高品質，要把原來不要的很老的機器淘汰掉，便以象徵性的價錢賣給我和另外三個同事，我們就在草衙一間木片蓋的違章建築外，掛上『三泰運動用品公司』的招牌正式開工生產。起初是替日本老東家代工，馬馬虎虎尚可維持，後來碰到能源危機，經濟不景氣，他們三個撤資不做了，我一個人只好頂了下來。這些年來，在政府大力的輔導下，總算有了自己的商標廠牌，不用再看人家的臉色代工過日子了。」

「所以說，一塊大石頭橫在面前，軟弱的人會退縮，有雄心壯志的人，卻認為是種挑戰而迎向前去。危機就是轉機，成敗在一念之間，你就是很好的典範呀！」我嚴正的說。

「哪裡啊！假若不是當年大哥救他，開導他，指引他，哪有今天？」海女以感激的目光望著我說。

不習慣聽這些感謝的話，我只好轉換一下話題：

「梅梅好嗎？」

「梅梅現在到美國讀博士去了，我說女孩子讀那麼多的書有什麼用？還不是要嫁人，下廚房燒飯洗衣。」海女眉飛色舞的埋怨著。

「唉！女子無才便是德的時代已經過去了，現在社會是講求男女平等的，你不看看政府好多大官員不都是女的嗎？」我說。

「她在美國讀工商管理，再等幾年就把公司交給她，我也可以好好休息休息了。」懷三得意的說。

聊著聊著，茶水由濃而淡，壁上的掛鐘已指向十一時，那位小男孩已在海女懷裡熟睡，我好奇地問：

「小孩是？」

「啊！是隔壁的，他們夫婦出國去了，要海女替他們帶一陣子。」

「我原以為是梅梅的呢？」我不好意思的說。

「哪裡啊！梅梅不願早嫁。」海女說。

「唉！婚姻不能強求，現代晚婚已成為一種趨勢呢！」

「她呀！什麼都不管哩，只想早點抱孫子。」懷三瞅著海女說。

「對啊！這是一般父母的心情。」我打著哈哈。

起身告辭了，懷三堅持要親自開車送我回家，我也不便拒絕。一輛寶藍色的賓士三百，緩緩地在霓虹燈閃爍的馬路上滑行著，窗外到處洋溢著港都的繁榮與富足。

「高雄實在是個好地方。自從搬來以後，我的病日益好轉；海女的氣喘也不藥而癒；而原本多病的梅梅更是在這個環境中長得健健康康，亭亭玉立。高雄真是塊福地呢！」

「對！福地也要福人居。高雄工商林立，百業雜陳，它是勤奮人們創業的天堂，這些年來造就多少億萬富翁，工商巨賈。而它也是一個時代的篩子，揚棄了許多不務實際的投機份子。有些人專門為反對而反對，動輒示威遊行，用公共利益、社會資本，自私自利的企圖轉化為政治訴求。他們身在福中不知福！不愛福！更不惜福！當然他們都不是有福之人。」我說。

懷三不住的點頭。下車時他誠摯的邀請我去他公司幫忙。我說：

「一匹好奔馳的脫韁野馬，要把牠關在馬廄裡，牠會願意嗎？謝謝你了！」

分別時，我們又緊緊的握著手。在路燈的照耀下，他額頭上的那道疤痕正閃閃發亮。

走過的歲月

想不到好久沒有聯絡的老同學趙自強，不聲不響的到來，正好可以去「揚子川味」小酌一番，尤其是那幾到招牌川味，更是香脆可口，辣得過癮。但孩子的媽執意要燒幾樣小菜，在家便飯。一來是經濟衛生，最大的目的卻是在防止我喝酒，我早已洞悉她的「陰謀」，所以先發制人的說：

「老伴！放心吧！血壓高自己心裡有數，妳的好意我清楚，會適可而止的，又不是年輕人喝啤酒拼命灌，我還要多看幾年的花花世界哩！」

「算了吧！你每次說的都比唱的好聽，兩杯下肚，連自己姓啥都忘了啦！哪還記得高血壓？」老伴以不相信的眼光睇著我。

「老趙難得來嘛！再說你們又不吃辣的，洗鍋洗鑵的也不方便呀！」我以拜託的口吻說：

此時老趙也在一旁敲邊鼓，並接口順著道：

「大嫂！妳儘管放一百二十個心，一切包在我身上！」說著說著並不停地拍胸脯。

「我知道！趙先生一向是包醉不誤，不醉不歸！唉！我懶得管，隨你們去吧！」老伴無奈的說：

好歹總算獲得了首肯，二人坐上計程車，便直奔「揚子」而去，爬上二樓一看，牆角靠窗的那個老位子，已經被一對夫婦佔住了。頓時感到一陣懊惱，埋怨老伴囉嗦，不然我們會捷足先登的。只好在鄰桌坐下，老趙看著我一臉不高興的樣子，頗不以為然的說：

「當了一輩子的兵，常常在死人堆裡打滾，喝酒還得選座位，看風水呀！想當年！我——」

「好啦！不要再想啦！現在是民國八十年！」

我沒好氣的打斷他的話。經他這麼一說，就好像一隻漲得鼓鼓的氣球，被他扎了一針，一下子就消得扁扁的了。人嘛！饑不擇食，但是，一但吃飽了喝足了，臭毛病就多了，不但要講營養衛生，在色香味之外，還得講求裝潢情調。此時反而感到一份安慰，看那對夫婦點的也是那幾道招牌川味，同時又選上我們一向坐慣的老位子，可見英雄所見略同！

趁菜還為上桌的空檔，不由得再瞄著那對夫婦。滿頭白髮在電風的吹動下泛著銀光，男的高挑的身材，濃眉、大眼、厚唇、國字臉。身著淡淡西服，繫著一條淡藍色的領帶，一副紳士氣派。女的她的臉色白中透紅，圓圓胖胖的一臉福相，上揚的嘴角，顯出他的驕傲與自負。一襲天藍色的短袖旗袍，配上一串珍珠項鍊，更襯托出高貴的氣質。兩人細語淺酌，一片融洽和樂，好一對神仙眷屬，真叫人羨慕啊！

上菜了，除了那幾道名菜之外，又多了一碟粉蒸肥腸，老趙他特別說明：

「老哥！這幾道菜是我加的，我知道你愛吃但又吃不到，大嫂處處為你健康著想，真是用心良苦啊！但是我想人生若失去了一切的愛好，豈不是太乏味了嗎？」

「唉！也沒你說的那麼嚴重啦！不過膽固醇脂肪含量過高的食物少吃點還是對的！」

「好！今天就破例不喝金門高粱，改喝陳紹，不要讓大嫂把我看扁了。」

「喲！說話算話，信用破產，下次就不靈了！」

「就依你，天氣熱，喝淡一點也好。」

提起老趙，不要看他身材短小，在我們營裡可是聞人，並不是他「混」得最好，官位最高，而是他的騾子脾氣，率直的個性，正是他的正字標記，常一根腸子通到底，就像一條塑膠管滑溜溜的，裡面粘不住半句話。又似青橄欖起初是青澀無比，但愈嚼愈香，待人誠懇，做事熱忱，素來是嫉惡如仇，是非分明！

他的毛病是只要兩杯老酒下肚，一大堆的話就像放錄音機似的滔滔不絕的可以從三皇五帝到抗戰剿匪、「八二三」砲戰、古寧頭大捷。每次一談到「古寧頭」大捷時，不但聲調高八度，更是口沫橫飛，眉飛色舞，因為那時他在當營長！

半瓶還不到，他就開始想當年．．．．

「唉！老趙！我不只聽過八百遍啦！你這樣多辛苦多費事啊！乾脆錄上音，不是省事嗎？」我打趣的說：

老趙瞪眼看我，苗頭有點不對，為了轉移他的注意力，我向他舉杯，

「來！乾杯！光說話是不會飽的！」

兩杯相碰，發出清脆的聲音，老趙脖子一仰，一杯下肚，暫時堵住了話頭，卻擠出一聲長長的嘆息，深鎖眉頭，悶悶不樂的樣子。要老趙不說話，兩人啞巴似的喝悶酒實在是煞風景的事，內心不免有歉疚之感，只得若無其事的找話題。

「怎麼啦！有心事？難道你的塑膠腸也生銹啦？把話卡住啦！大熱天，當心會餿了啊！」

冷不防，他往桌上一拍，湯水濺到鄰座那位先生的面上，他太太取出面紙在替丈夫擦拭，老趙眼睛瞪得大大的，中了邪似的。我只好向人家賠不是，指著老趙很不高興的說：

「有話慢慢講，何必發火呢？捶桌子！生悶氣，不是辦法，難道一年不見騾子變啦！」

「老哥！不要損人好不好？心理實在難過嘛！這一陣子在台北街頭，一群遊行隊伍，張牙舞爪，瘋狗似的亂喊亂叫，什麼都反對！就是不反共產黨，要名要利要權要勢，就是不要中華民國！他們吃飽啦！喝足啦！可想到當年窮苦的滋味！」

他的聲音愈來愈大，大家都以為他在發酒瘋，我感到好窘好窘，只好輕言語細的安撫他，不要再出洋相！

「老趙呀！這是公共場所，人家還以為流氓在滋擾呢！要發脾氣，把酒喝完回家去發好了，何必在這裡妨害人家的生意，打擾人家的雅興咧！」

想不到他不但不聽我的好言相勸，反而指著我的鼻子大吼大叫：

「老哥呀！告訴你！社會上就是因為像你這樣懦種鄉愿太多了，才養成這批無法無天無父無母的暴民，動不動就遊行示威，一群瘋狗似的，光天化日下公然鋸旗桿、焚國旗、侮辱元首，竟然沒人管！這成什麼世界嘛！難道就讓他們吵得天翻地覆，就跟卅七年大陸一樣，吵到政府垮台，國家完蛋嗎？」

今天算他好運，假若在另一個場合，我不打得他滿地找牙才怪呢！此時此地，只有忍住一肚子鬼火還得安慰他。

「老趙！請你冷靜點，國家大事，自會有人去管，要你操什麼心嘛！」

「哼！有人管會鬧到這種地步啊！告訴你！唱高調是沒有用的！天下事要天下人大家關心才有用！」

很高興他的音調降低了，語氣也緩和了些，我順便指著鄰座那位先生說：

「老趙！看你耍狗熊，把這位先生的衣服弄髒啦！」

他知道我的意思，馬上前去向那位先生鞠躬道歉，我也再次表示歉意。

「我這位朋友今天心情不好，一瓶沒喝完，就醉話連篇，把你衣服弄髒了，還打擾你倆的雅興，請多包涵。」

「不要緊，沒關係，先生！你錯啦！你的朋友沒有醉，他清醒得很，說的豈是醉語，其實醉的是我們社會大眾，醉得怕事，醉得茫茫的迷失了方向，一般飯飽，酒酣耳熱之餘，談的都是些投機取巧風花雪月，酒肉徵逐，播放的音樂也盡是靡靡之音，大家關心的是股市的漲落，六合彩明牌，只有你這位朋友還在關心國家大事，真高興！來！我們乾一杯！」

此時老趙感到他的論調有了知音迴響，頓時情緒高漲，神采飛揚地連乾兩大杯，還纏著這位先生不肯罷休，他太太恐怕自己的丈夫吃不消，如是施出緩兵之計，娓娓地說：

「漢堅呀！既然大家很投緣，我看乾脆請他們兩位過來坐，再添兩個菜，慢慢喝，慢慢聊，不是更盡興嗎？」

我的客套話還未出口，老趙卻熱切的說：

「好！好！好！」連聲說道並把碗筷搬過去啦。坐定之後，我說：

「相逢自是有緣，看您二位也愛吃辣的，不敢說一定是湖南老鄉，我想可能相隔不遠吧！」

這位太太捂著嘴笑著說：

「先生，你猜錯啦！我先生是台北人，我是南京人，雖然如此，但我們夫婦與湖南卻有深厚的情感淵源，也可以說是四分之三個湖南人吧。」

老趙摸著腦袋瓜說：「真搞不懂！人也四分之三個的？」

這太太抿著嘴笑得更開心，先生卻正經八百的說：

「喲！我太太是湖南人的乾女兒算半個，所謂女婿半子，我只能算四分之一個湖南人，還有辣椒的同化力也是很強的，它就像我們的中華文化一樣。」

「噢！噢！原來如此啊！」

老趙恍然大悟似的，好高興又找到了新的傾吐對象，我落得一身清靜，打量這位太太，她那微翹的嘴角，總是有似曾相識的感覺，但搜索枯腸，記憶之海就是找不著這片帆影，心想：天下相似的人太多，又何必傷腦筋呢？但這位太太似乎也在有意無意地在端詳我，偶而彼此視線交會，只好尷尬地微笑點點頭，她是不是也在想同一個問題？就讓她去想吧？這年頭的有錢人，最怕人家攀親帶故的，何必呢！

老趙口沫橫飛的講，那種不可一世的英雄氣概，真令人深深的體會到一個愛國者的心情，而這位先生更是一位愛國擁護者，一味的擊掌說：「對！對！是！是！」說相聲似的在一旁幫腔。趁老趙擦汗拭嘴的機會，這位先生遞上名片，並客套的說：

「我叫賈漢堅，兩位多指教，我們很好客，尤其是愛吃辣味的朋友。」

大家又是一陣客套握手拍肩，正想也自我介紹時，一時之際被名片上「蓼湄行」三個字楞著了。因為「蓼湄」是湖南省武岡縣的一個鄉鎮名詞，它是沿蓼水由西而來而命名的蓼清、蓼溪、蓼湄、蓼濱五個鄉鎮，蓼湄鎮轄高沙市，係湘中農產品集散地。抗戰軍興，中央陸軍軍官學校第二分校設於此地。蓼湄中學更是聞名遐邇。我想不一定是巧合吧！它一定有什麼淵源。

我指著名片上「蓼湄」二字提醒老趙，他慎重其事地從腰裡摸出老花眼鏡戴上，一陣微楞之後，眼光不停地從名片、賈漢堅、賈太太畫上等邊三角掃來瞄去的在思索，一樣的理不出半點頭緒，只好開門見山的問：

「請問賈先生，貴行取名「蓼湄」，有什麼特殊意義嗎？」

「啊！意義可大啦！它使我獲得重生！」

聲音甫落，老趙一時驚叫，指著賈漢堅說：

「你就是當年在蓼湄中學操場上，差一點被打死的賈漢堅？」

「妳就是我們班裡的皇后黃麗莎囉？」我驚喜的問：

麗莎流著歡欣的眼淚說：

「你們兩位一上樓，就感到有點面熟，就想不起在那兒見過？想了半天，就是想不起來！唉！人老啦！」

「啊！我就是袁夢飛，在班上考試總是最後一名，打架鬧事的總是跑第一的猛張飛是也，還記得嗎？」

老趙打趣地說：「在下趙自強，綽號小耗子是也！」

麗莎抿著嘴直笑著說：

「記得！記得！你兩位不但是班上的風頭人物，在全校也是赫赫有名的！」

「嗨！想當年多少人為你瘋狂，現在風韻依然。」老趙瞪著麗莎讚美著。

「那裡呀！胖得一頭老母豬似的，那裡還有風，還有韻啊！」麗莎不停地撫摸著自己的臉龐說：

「麗莎！我說嘛，這幾天的眼皮直跳，跟你說一定有喜事，你還不信咧！」賈漢堅興高采烈的說：

麗莎笑得彌勒佛似的說：「相信！相信！你未卜先知，可以到街上擺攤算命啦！」

「今天確實很難得，四十多年來，妳第一次遇到同學，他兩位也高興喝一杯，我看開瓶XO慶祝如何？」

「啊！不要！不要！我倒不是客氣，怕你們夫婦破費，實在是洋酒喝起來怪怪的，要喝嘛！還是喝陳年紹興的好，不反對嘛，這也是愛國啊！」

麗莎說：「只好恭敬不如從命囉！」

賈漢堅於是拍掌招呼侍者送酒添菜，老趙熟練地將瓶蓋打開，四十七年前的往事，融和著茶色的陳年紹興，自瓶口汩汩流出，斟在每個人的心杯中，沖掉了記憶的塵封，那份苦澀自心底湧現；

記得是民國卅三年丹桂飄香的季節，也是抗戰最艱苦的末期，然而當時所飄送的不是桂香，而是硝煙、血腥、流離、哀號、苦難，是全中國人堅苦卓絕抗戰到底的決心與怒吼；六月長沙失守，八月衡陽淪陷，芷江機場又告吃緊，陪都重慶遭受無情地轟炸。各地難民蜂擁而至，大有「涸轍鮒魚」之概，把一向平靜得近乎蔽塞的蓼湄鄉高沙市，帶來空前的緊張而熱鬧的氣氛。

在一個黃昏，陽光拖長了劉跛子的身影，他敲起那面破鑼，拉起沙啞的嗓子喊著：

「明天上午在蓼湄中學大操場槍斃日本鬼子啦！請大家去看啊！」

嘡！嘡！嘡！嘡！嘡嘡。從楊公街，四和街，轉龍街，長裕街再轉入後街，一群頑皮的小孩跟在劉跛子的後面，一歪一斜的學著劉跛子，引起周圍的人大笑。

待劉跛子走過，鑼聲消失之後，一時想起，不對啊！凡是槍斃土匪強盜，一向都在迴瀾橋下的沙灘上，為什麼這次槍斃日本鬼子會在蓼湄中學的操場呢？繼而一想，對啦！一定是劉跛子故意誇大其詞，引來觀眾愈多，愈能顯示出他「喊街」的偉大效果。要不然就是「三民主義青年團」玩的文宣把戲，以收全民敵愾同仇之效。

蓼湄中學，是高沙市袁姓家族的產業，位於長裕街與後街的盡頭。黃泥巴的操場還算寬敞，周圍用空心花磚圍住，牆邊遍植白楊木。「三民主義青年團」早在樹上掛滿猩紅的巨幅標語，「國家至上！」、「民族至上！」、「軍事第一！」、「勝利第一！」、「抗戰必勝！」、「建國必成！」、「打倒日本帝國主義！消滅萬惡漢奸！」、「擁護蔣委員長抗戰到底！」

朝陽尚未穿過樹梢，操場內已擠滿人，連圍牆上，樹椏上，籃球架上都是好奇的觀眾，大家在童軍教官兩拳使勁的揮舞下，一遍又一遍的高唱著「大刀向鬼子們的頭上砍去！」「萬里長城萬里長，長城外面是故鄉！」唱完歌呼口號，呼完口號又唱歌！把每個人的愛國情緒，昇華到極點，好似一桶汽油，只需一丁點火星就可以引發爆炸開來。

典禮開始，鮮艷的青天白日滿地紅國旗，在群眾的注目中，冉冉上升在蔚藍的天空。校長還未開口訓話，同學在後面的老百姓擁擠下，一下子把前排與司令臺之間的那段空隙塞得滿滿的，任憑活閻王訓導主任吼叫，童子軍的連棍驅趕，也無法使觀眾後退半步，因為全是中國人，對日本鬼子的侵略欺凌，燒殺擄掠的殘暴獸性，莫不咬牙切齒深惡痛絕，今天能親眼目睹萬惡的日本鬼子被槍斃，也好一消心中的那股怨氣！

我趁「兵荒馬亂」的時候擠到前排，現在有想起教官曾告訴我們說：子彈是不長眼睛的，心裡在發毛，萬一鑽到我身上怎麼辦呢！此時後悔也沒有用，因為已擠得動彈不得，但看一旁的皇后黃麗莎，她若無其事的神態，我這個猛張飛，真是個猛草包，只好硬著頭皮安慰自己，男子漢！大丈夫！百萬人吾往矣，怕什麼！兩臂撐住司令臺的矮牆，既害怕又期待的望著司令臺兩旁的門。

今天校長訓話，還是老調重彈「抗戰已到最後關頭，為救亡圖存！為我們的子子孫孫，不要做亡國奴！要有錢出錢！有力出力！擁護政府抗戰到底，爭取最後勝利！．．．．同學要讀書不忘救國！救國不忘讀書！」

訓話雖然簡短，但在大家期盼早點看到槍斃日本鬼子的心情下，誰耐煩去聽呢？

訓導主任閻王接著上臺，還未開口，臺下頓時有輕輕的噓聲和微微的騷動，但他深諳群眾的心理，一開口就先聲明：「我今天不講『新生活運動』，我要向各位介紹一下這個日本鬼子的情形，請大家稍安勿躁！」

的確有效，一時臺下鴉雀無聲，個個豎起耳朵在聽。

閻王趁機清清嗓子，提高音調說：

「這個日本鬼子，名叫田中佐夫，是屬橫山十一軍的，是在衡陽會戰中俘虜的，可能是個啞巴，因為他一直沒說過話！」

大家期待的精彩報告，實在平淡無味，有些失望，正當群眾的噓聲又響起時，司令台左邊的那扇門打開，只見兩位頭戴墨綠鋼盔，腳踏馬靴，身著黃泥制服，背著木盒駁殼槍，槍柄上血紅的穗子，隨住卡嚓！扣人心弦的步聲，一甩一甩的，押著一個穿土黃色軍服，紅色領章，瘦瘦高高的，蓬頭垢面，五花大綁的日本鬼子兵，來到司令台的中央跪下，台下頓時群情鼎沸，喊聲吼聲驚天：

「槍斃他！槍斃他！」

「萬惡的日本鬼子害得我們好慘啊！槍斃他太便宜，要千刀剮！萬刀割！」

「打死他！打死他！」

紙團石頭，雨點似的拋向日本鬼子，現場有點失控的態勢，憲兵看情況不對，馬上向前擋在鬼子的面前保護著，引起一陣噓聲，想不到一向文文靜靜的皇后麗莎，母老虎似的衝到台上，一把揪住鬼子的頭髮，拼死命的往地上撞，近似瘋狂的喊叫：

「我要你死！我要你死！替父母報仇！雪恨！」

兩位憲兵被麗莎瘋狂的舉動一時楞住，大約撞了三、四下之後，才回過意來，兩個人使勁的把麗莎揪住鬼子頭髮的手掌掰開，但麗莎揪住不放，但鬼子緊閉雙眼，不閃避，不反抗，只是眼淚融和鼻血決堤似的，使整個面目污紅一片，顯露出淒慘與恐怖。

兩位憲兵的手與麗莎的手，在鬼子的頭上僵持著，閻王近前拍著麗莎的背大聲的說：

「黃麗莎！你要克制！不要衝動！侵略只是少數幾個日本軍閥的主張，日本的老百姓也都是身不由己的受害者！」

麗莎的唯一意念，是報仇雪恨，對閻王的話那裡聽得進，又想再次強按鬼子的頭時，竟鬆了手暈倒在台上，同學們在閻王的指揮下，七手八腳把她抬去了醫務室。

同學們對黃麗莎瘋狂的舉動，深表同情，因為她父母兄弟都在「南京大屠殺」中全遭殺害，只有她倖免於難，隨難民潮流亡到這裡，今天是仇人見面，分外眼紅。

跪在台上的鬼子，悲從衷來，由抽搐而號淘大哭，轉身向閻王磕頭，是哭是號也是喊叫：

「報告主任！我有話要說！」

不但字正腔圓，而且鏗鏘有力，大家感到一陣驚訝！面面相睹，原來鬼子不是啞巴，還會說官話，閻王對這突如其來的情況，稍微猶豫了一下，馬上答應說：

「好！有話請講！」

鬼子用舌尖舔舔乾裂的嘴唇，挺一挺扁癟的胸脯，用所有的氣力嘶喊：

「我是台灣人！我也是中國人！我叫賈漢堅！」

聲音甫落，台下有人在喊叫：

「漢奸最可惡，殘殺自己同胞，要槍斃十次！」

賈漢堅因為雙手被綁著的，只有猛搖頭來加強他的反駁：

「我不是漢奸，是堅強的堅，漢民族的漢！我祖籍福建省泰安縣。我曾祖父時代搬去台灣，在日本人的統制下，台灣人沒有當兵的權利，只能幹軍伕，因為我會國語，所以命令我幹通譯，在武士刀下我能反抗嗎？告訴你們，全中國的苦難只有六、七年，但台灣同胞的苦難快五十年了！像沒爹沒娘的孩子，向誰哭訴！」

說完之後，又閉上眼睛，把胸挺一挺，大有視死如歸的英雄氣概，此時全場已聽不到鼓噪聲，而是擤鼻掉淚，報仇雪恨之心，轉為一顆顆軟棉棉的同情心，他是我們的同胞手足，他是受害者，他是無辜的！閻王走到憲兵面前，一陣耳語之後，把賈漢堅押了下去！散去的老百姓與學生個個眼圈潤潤的，真像看完一齣賺人眼淚的愛情大悲劇散場後的場面。

我沈浸在往事的湖底，呆呆地望著賈漢堅斟酒激起一杯思潮，起起伏伏，麗莎輕輕的推我的手肘。

「袁同學！怎麼一直望著酒發呆呀！」

我如夢初醒，感慨地說：

「唉！四十三年一杯酒，苦難盡付彈指間，想到妳當年衝上司令台那股兇勁，賈先生悲憤的豪情，唉！」

老趙急忙嚥下口中的酒，生怕等一下會忘掉似的說：

「我想起來啦！當時傳說皇后被一位有錢人金屋藏嬌了，又傳說賈先生你被活埋了！真想不通你們倆怎麼會湊在一塊呢？」

賈漢堅把送到嘴邊的一塊雞丁，又夾回碟內，一陣哈哈大笑後說：

「記得阿拉伯人有句很有意思的諺語：『把把運氣好的人丟到河裡，嘴裡會啣條魚上來。』我進入戰俘營之後，把我的家世，被日本徵兵伕的經過以及從軍報國的志願，以萬言書上呈蔣委員長恩准，當時正在掀起全國知識青年響應『十萬青年十萬軍，一寸山河一寸血』的偉大號召，我躬逢其盛，得進入青年軍二〇三師，在四川瀘州入伍訓練，以親身經歷，經常到各部隊演講宣傳，直到勝利復原返鄉，我不但沒被活埋，還娶到了皇后。』

賈漢堅以滿足的眼光望著麗莎，但麗莎有意把話題岔開，拿著箸說：

「來！來！不要只顧講話嘛！趁熱！豆瓣魚涼了就不好吃！」

大家並不動箸，望著麗莎，想知道他們倆在一起的經過，一定是精彩而離奇。而麗莎卻一昧的搗著嘴笑，故意在吊我們的胃口，我性急地催促她說：

「皇后妳快說嘛！我們等著用妳的聖旨下酒呢！」

想不到她收斂笑容，一本正經的說：

「袁同學，你錯啦！我們是用辛酸的淚水釀酒，用漫長的苦難歲月下酒！」

老趙很感慨的說：

「我是用一生的青春釀酒，用無盡的孤苦下酒！」

「好啦！我是用飄泊釀酒，用快樂人生下酒！賈先生，你呢！」

「啊！公賣局替我釀酒，用豆瓣鯉魚下酒！」

語畢，引起一陣歡笑，總算緩和了感傷的氣氛，頃刻的平靜，又恢復到期待的源頭，麗莎盈盈的眼波，望了賈漢堅一眼徐徐地說：

「我不說也罷，說出來恐怕掃二位的興，其實很單純，一點曲折都沒有，自從學校停課之後，就考入政工隊工作，但乾媽就拼命反對，理由是等畢業後完成了學業再從軍也不遲。我說：乾媽！你錯了，國家沒有了，有學問有什麼用呢？把日本鬼子打垮了，再讀書也不遲呀，但乾媽怎麼樣就不接受，我只好又帶著一顆破碎的心離開乾媽，投入軍旅，下部隊宣慰時，我們偶然相遇，雖說戰爭中的兒女沒有戀愛的權利，但感到彼此都是天涯淪落人，所不同的，他在台灣有個溫暖的家，而我卻是家破人亡，孑然一身，勝利後一同回到台灣結婚生子，他一家人確實把我當成皇后的愛著我，他更神氣啦！三個寶貝兒子都叫他總長咧！」

賈漢堅神氣地乾咳一聲，整整領帶，挺挺腰，很得意的樣子，老趙一時會不過意來，疑惑的說：

「什麼啊！你家還有總長呀！」

麗莎抿嘴一笑說：

「哦！是這樣的，我家三個寶貝兒子分別服役陸海空軍，所以孩子們呼他爹為總長呀！」

「噢！原來如此，兩位好福氣，真叫人羨慕。」

仍是孤家寡人的老趙，落寞空虛的眼神，望著他夫婦，舉著杯又說：

「來！先乾為敬！」

咕嚕一杯下肚，把酒杯倒轉，表示絕對沒有杯底飼金魚，同時也想把那份落寞隨酒香入肚裡，但借酒澆愁愁更愁，他憂國憂時憂世的情懷，熊熊烈火，在他內心燃燒著，又豈是一杯酒所能澆熄的。

大家舉杯，一飲而盡，麗莎又及時斟滿，老趙又要乾杯時，被麗莎接著了勸說：

「趙同學！慢慢喝嘛，還有很多的話要講咧！」

「對呀！一下子擺平了，多煞風景呀！」我在旁幫腔說：

「趙先生真是性情中人，令我佩服，來！我們隨意！」

賈漢堅舉杯與老趙輕碰，那清脆悅耳的聲音，如古塔風鈴飄揚在西風斜陽中，令人有份淒涼感。

我為了轉移話題，解開這近乎凝結的情緒：

「你們夫婦這次南下，是業務？還是遊覽呀？」

賈漢堅說：「兩樣都不是，跟趙先生一樣，看不慣少數幾個有心人，帶著純潔的學生在街上胡來瞎搞的，說什麼「保障言論自由！」「反對白色恐怖」

、「廢除刑法一百條」、「郝柏村下台！」、「呂有文下台」，簡直令人痛心疾首，搞得交通癱瘓、股市下跌，店舖關門，趁此機會來南部散散心。」

「唉！不但你夫婦如此，我想凡是有良心有血性的人都會心痛，不瞞各位最近電視新聞我不看，不願看到那一群喪心病狂的人，昧著良心寫標語，喊口號，把國家、社會、人民踩在腳底下，怕忍不住砸掉電視。」

麗莎蹙著眉說：

「我倒不怪他們，他們如同一張白紙，純潔、幼稚、衝動、為聖為賢，為匪為寇全賴引導他們的老師。他們乘冷氣車走高速公路，我們是打赤腳穿草鞋黑夜爬行泥濘的崎嶇山路，他們吃麥當勞，我們吃「八寶飯」，他們沒有經過烽火的熬鍊洗禮，沒有嚐過家破人亡顛沛流離的滋味。他們好比玻璃溫室的花朵，看到繁華世界，卻不如什麼是風霜雪雨呀！」

「老趙已經風平浪靜的心情，一陣微風吹過，又是波瀾壯闊，拍桌說：

「他X的！要分享政治資源，他們以為今天的繁榮，是天上掉下來的！可曾想到犧牲了多少人的身家性命，犧牲了多少人的青春年華，多少人絞盡腦汁，多少人一針一線一鏟一鋤的胼手胝足，才有今天這點成果！可曾想到耕田的老牛！還在啃草咧！」一時又情不自禁的傷心落淚。

麗莎輕拍老趙的肩膀，感慨的說：

「唉！趙同學！我們都老啦！空有滿腔愛國熱忱，但是我們對國家可以說心安理得啊！」

我說：「愛國是不分年齡的，打仗是沒有場所的，隨處都是戰場！隨時是戰場，各位想想看，自從抗戰勝利到今天，四十多年來，國家面對中共的滲透顛覆，在國際社會上對我們的封殺孤立，有心人士藉環保的無謂抗爭，三合一台獨的囂張，挑撥離間的論調，畸形的議會，急切的道德重振，社會風氣的轉移．．．都是愛國人士的戰場，只要我們不作牆頭草，不隨波逐流，堅持立場，相信必能戰勝一切的邪惡！」

賈漢堅得意地說：

「想當年，我父替我取名漢堅，意思就是要我在日本人的統治蹂躪下，要堅持漢賊不兩立，堅持傳承漢民族的文化傳統。日本人軟硬兼施，使用一切手段，要消滅中華文化，達五十年之久，仍然是徒勞無功。今天面對一小撮有心人極盡分化、挑撥、離析的小人行徑，只要我們堅持立場，明辨是非，影響周圍，擁護政府，沒有什麼好怕的！」

老趙喝得差不多了，打著嗝說：

「對！對！對！一支燭光可以驅走一室黑暗！一杯明礬可以澄清一池混濁！來！我們再乾一杯！為我們的國家！」，「咕嚕！咕嚕！」一仰而盡，誰也沒有推辭，誰也沒有異議，心裡都在贊成、贊同，在紛擾的今天，我們要作照明臘燭，我們要作澄清的明礬。

此時矮矮胖胖的何老闆，活像一粒新竹貢丸，笑眯眯的端來一海碗酸梅湯，哈著腰說：

「謝謝各位鄉親賞光，這碗涼的給各位醒醒酒吧！不成敬意！不成敬意！」

賈漢堅歪歪斜斜的站起來，舌頭好像打了結，不圓不滑的說：

「老．．．老闆呀！我．．．我們．．．都沒醉！為什麼要醒！」

麗莎柔情地扶著賈漢堅說：

「對啊！你沒醉，你明天還沒醉，老闆在送客啦，走吧！兩位，台北見囉！」

我們攙扶下樓，回首走過的歲月，體認到艱苦的環境，塑造剛毅的性格，惡劣的險阻，熬鍊堅定的心志，嚴厲的考驗，琢磨深沈的內涵。幸福的下一代啊！希望你們珍惜這一份得來不易的擁有！

心祭

這是第三天上祝山看日出了，每次深夜逃難似的擠上火車搶位置，看在久住新加坡的新娘莉莉眼裡，實在感到非常的厭惡與無奈。然而為了保持蜜月中的氣氛，她卻不能讓丈夫看出她內心的不悅。其實，她因意識到對丈夫的不了解而感到有點茫茫然。

就拿看日出來說吧，他不管三次五次，一定堅持要看到為止，為什麼他對阿里山的日出如此執著？何況他還是學工程的，又不是一花一世界、一沙一乾坤憧憬浪漫的詩人？

觀日樓前吵雜的喧嘩、攤販的叫賣、解說員如珠的妙語，把整座靈山籠罩在烏煙瘴氣之中，雲海煙滅了玉山群峰，但掩不住莉莉對丈夫一偉的疑惑。

莉莉與一偉坐在觀日樓上，叫了兩杯咖啡，才五點多離日出還有一個多小時，一偉慢條斯理的攪和著咖啡，一副若有所思的樣子，莉莉伸手過去握住他的手，同時用柔柔的眼神伸出探詢的觸角。

一偉淺淺的啜了一口咖啡說：

「有嗎？」

「莉莉！我看到了妳滿眼的疑惑！」

「妳以為搞工程的人都是木頭呀！」

「那你知道我有什麼疑惑？」莉莉嬌腆地說：

「為什麼上阿里山一定得看到日出才行，對不對？」

「你好壞啊！既然知道，還故意吊我胃口！」莉莉撒嬌地用湯匙輕敲一偉的咖啡杯。一偉看看手錶，面對曙色中的朦朧群峰，黯然地說：

「告訴妳一個故事。」

「我知道一定是個浪漫的愛情故事。」

「不！是一個嚴肅而感人的故事。」

「好，我洗耳恭聽。」

「記得我參加大專聯考的那一年，當接到T大的錄取通知之後，我整個人似乎癱瘓了，大家認為我是用功過度，精神體力透支的關係，但爸媽就是不放心，硬拖我著上榮總檢查，結果發現我是患了很嚴重的尿毒症，必須換腎。那雖然是成功率很高的手術，但腎臟的來源是可遇不可求的事啊！」

一偉又喝了一口咖啡，一團水蒸氣隨著一聲長長的嘆息，飛機雲似的撲向莉莉的臉上，她緊緊握住一偉的手，以憐愛的眼神靜靜地聽他傾訴：

等腎的日子，正如死刑犯定讞後等待執行的日子一樣灰暗沮喪，美好的人生，即將成為雲煙泡影。正當我絕望滅頂的時後，在醫院認識一位榮民邱伯伯。記得那是一個陽光普照仍有幾分料峭春寒的三月天，我在醫院園庭外散步，看到一位白髮蒼蒼的長者，左手撐傘右手持拐杖敲敲點點，欲前不前，顫抖的一付孤苦無依的模樣，我不由得前去攙扶他一把，順便找些話題：

「老伯伯您要去那？我送您去好嗎？」生怕他聽不見，我高八階的喊著。

「公共場所，小聲點嘛！我聽得見只是看不清楚，我不去那裡，是出來走動走動曬曬太陽。」

「曬太陽為什麼還要撐傘？」

「昨兒個晚聽收音機氣象報告，說今天是晴時多雲偶陣雨的天氣嘛，萬一下雨，恐怕措手不及呀！」

我牽引著他，我們一步一步移到一處水泥椅前坐下，煦煦的陽光透過樹梢，曬在我們兩人的身上，暖的像依偎在慈母的懷抱。面前一叢紅白相間的杜鵑，朵朵含著歡笑過度的眼淚，在豔陽下晶瑩剔透，群群的蜜蜂更不願放棄機會，貪婪地吸吮著花蜜，美景當前，看得幾乎忘我。

「老伯您貴姓呀？」

「我叫邱期頤，父母親期望我長命百歲，我看恐怕要打個七八折了，小伙子，你貴姓大名啊？」他側過身看我，恐怕只是一片模糊的藍了。

「很巧耶！我也姓邱名一偉。」

「難得，難得！我們五百年前是一家耶！在讀書？還是在做事？」在他厚厚白內障下，我仍可發現到他擠出一線關愛的眼神。

「剛考上T大。」

「你是來看朋友呀？還是？」

「啊！有點不舒服，住院檢查身體的。」我敷衍著說。

「能考上T大不易啊！學問重要，身體更重要啊！有健康的身體，才有偉大的事業啊！」

「是！是！是！」我附和著。

「需要我幫忙嗎？」他口吻充滿了慈愛。

「謝謝，謝謝！」心想一個病老人能幫什麼忙呢？大概是一般人的應酬話罷了。

在住院那段不算短的日子裡，我經常攙著邱老伯，晴天在庭院，雨天在迴廊散步談心，人家以為我們是祖孫呢？他很健談，我們談哲理、談禪機、談機緣、談人生、談國家苦難，更憂心國家未來！我自己排遣了寂寞，邱老伯也獲得一份慰藉。

直到有一天，換腎手術成功後，我滿懷興奮地踱向迴廊，想把這大好消息告訴邱伯伯，但一次又一次的失望了。我才猛然想到自己換腎的來源，莫非是……。我急著向主治大夫求證，一點也不錯，腎是邱老伯指定贈給我的，從護士口中得知，他是心肌梗塞去逝的，我的病情需要也是他向院方打聽的。」

「邱老伯沒有兒女嗎？」莉莉感傷地問。

「他說他的妻兒被共產黨毀了！他的一生獻給了中華民國，他用國家的苦難寫在自己悲淒的歷史，用自己的血淚灌溉台灣的蓬勃復興！」一偉凜然的說。的確！在國家風雨飄搖，赤浪濤天的年代裡，榮民就像堤防上扎在地下的基樁，默默地犧牲奉獻！用青春穩穩地撐持著動亂大局。一偉喝完杯中最後一口咖啡。

「莉莉，妳知道嗎？邱老伯最愛爬山了，他曾完成台灣百岳的壯舉，他感到很自豪，我問他還有什麼憾事？他說若有的話，就是未能看到阿里山的日出了，去了無數次，始終是緣慳一面。我當時不知怎麼的，半開玩笑半認真的說：

「沒問題！我一定替您看到！於是兩人相擁大笑，把草坪上一群覓食的麻雀嚇得亂飛，邱老伯的臉上也展露著難得的笑容。」

一偉手持銀匙在空杯中攪和著沉澱的往事。

「再來一杯好嗎？」莉莉問：

「不要了。」一偉輕拍莉莉的手背。此時窗外雲潮退去，系列的玉山群峰，深藍地呈現眼前，黑鴉鴉的一群遊客，瞪著眼伸長著脖子，深恐錯失那剎那良機，大家沉靜、緊張、並期待⋯⋯

一偉攙著莉莉站起，掏出手帕，擦拭玻璃上的霧氣，未幾，一輪紅日，在沸騰的啊呀聲中躍出，懾人心靈！

「邱老伯！我替您看到了！邱老伯，好美啊！邱老伯⋯⋯」

一偉高舉雙手，與高采烈地喊著，神經病似的引起旁人的側目，莉莉忙拉扯著一偉的衣角制止。

當他們倆踩著金色的陽光下山，一偉傷感的說：

「莉莉妳知道嗎？今天剛好是邱伯伯赴天國七週年的日子。我帶著他的腎臟，看到他希望看到的阿里山日出，這是我多年的心願，也算是我一份虔誠的心祭。」

「難得你還有這份赤子之心，這段故事以前怎麼不告訴我？」

「因為我太愛妳了，怕失去妳呀！」

「你好自私好多心啊！」莉莉把一偉摟得更緊。

往事堪回首

世間事有得必有失，絕不會全得全失，只是得失的大小不同而已。塞車，是人人所厭惡的，但有時塞在車上，也會有意想不到的收穫。你不妨觀察眾生，有的猛嚼檳榔，有的破口大罵三字經，有的下車去前面探究竟，有的冷靜的聽中廣音樂網，寫作的人可以靜下心來思考問題找靈感。

記得去年有一天，載老伴進市區辦點事，剛好遇到遊行示威請願，市府附近圍得水洩不通，車子被卡在民權路上進退不得，我閉目欣賞國語老歌，那雋永的歌詞，優美而醉人的旋律，正播放王昭君唱悶坐雕鞍的時後，老伴拍的一聲將收音機關掉，用手肘推推我說：

「你看這片花多美呀！我們下去走走吧！」

下得車來，已經有很多人在欣賞了，安全島上，一片粉紅色的羊蹄甲，為了裸裎它的姿色，褪盡了每一片綠葉，讓浪漫的蜜蜂恣情地蹂躪，春風拂過，清香撲鼻，片片落花散在髮間，沾滿衣襟，白頭翁拉開嗓門在唱春光曲，有詩情，也有畫意。

「好冤枉啊！」老伴怨尤地說：

「為什麼！」我莫明所以。

「你看！高雄的花這麼美，每年還瘋子似的不是上阿里山，就是上陽明山去看花！」

「唉！不能這樣說呀！雖然都是花，但情調不同嘛！」

「那裡是情調不同，分明是身在福中不知福！」

我無言以對，的確，民權路不知走過多少回，就從來沒正眼去欣賞過，下意識地認為它只是分隔島上的行道樹罷了，對這條壯麗的花河來說，何嘗不是種輕視呢，此時我深深地體會到「萬物靜觀皆自得」的道理。

我以攝影者的眼光在欣賞陽光下的花姿時，一輛黑色賓士三〇〇的車門打開，下來一位穿著粉紅色洋裝的少婦，圓胖的臉蛋、豐腴的身材，活像一幅唐朝仕女圖，咧著嘴，衝著我笑，感到分外的友善親切，我裝做無動於衷。深怕發生表錯情的尷尬，本能地回頭望，老伴也是面無表情的在欣賞。當我正狐疑時，她已走到我面前輕聲細氣的說：

「伯伯！你還在高雄加工區做事嗎？」

「噢！離開快二十年囉！妳是？」

「你不認識我，但我對您一直念念不忘！」

頓時如墜入五里霧中，自忖從無婚外情，更沒有作過什麼讓女人念念不忘的事呀！不由人發愣。老伴看在眼裡以解圍的姿態說：

「小姐，妳恐怕認錯人了吧！」

「不會錯，老伯只是頭髮白了些，容貌一點沒變！」

聽她說的如此堅定，不能再懷疑她認錯人了，而懷疑自己的記性，二十年七千三百多個日子，時光老人的腳印，踩碎了多少人與事。

「請問；妳貴貴姓芳名？」

片空白。

「宋秋嬋！」

她同時遞上名片，頭銜是環球體育器材公司的董事長，但我腦海仍然是一片空白。

「宋小姐，很抱歉，真的想不起來！」

「不必抱歉，這件事情，在您可能是小得微不足道，但對我而言，卻是我一生命運的轉捩點。」

儘管她以十分感激的心情，把事情說的如此重要，但我仍然茫然。

此時，交通警察的哨聲、汽車喇叭聲震天價響，車流已經在蠕動，我告訴她我的電話號碼，便匆匆忙忙的各自上車，臨走前她說：

「改天登府拜訪，再見！」

「歡迎來泡茶！」我敷衍著說。

揮揮手，她在奔騰的車流中消失，但我的腦海卻餘波蕩漾。

「人家小姐把事情說得如此重大，你是真的忘記，還是裝糊塗隱瞞什麼呀！」老伴懷疑的說。

「真的是忘記了，妳想想看，當時高雄加工出口區顛峰期作業員近十萬，每天處理的事的確太多，譬如：排難解紛啦、尋找逃妻啦、介紹工作啦、請求救濟川資啦，諸如此類的事，二十年下來，何只千件，站在褓姆的立場，這都是為民服務份內的事，有些人視為理所當然。但心存感恩能飲水思源的人，就耿耿於懷。尤其當他功成名就時。」

老伴不住地點頭，也感慨的說：

「看今天這個社會，搞得亂七八糟烏煙瘴氣的，還不是少數的政客們爭取私利譁眾取寵所造成的。一般年輕人他們生下來就沒有流過汗，認為餐桌上的牛奶麵包大魚大肉是天上掉下來的，那種刻苦耐勞勤儉樸實的民風，好像是被賽洛瑪颱風吹走了，誰還想到吃果子拜樹頭啊！」

「唉呀！妳不要想的那麼美啦，有些人在政客們的煽惑慫恿下，不但不拜樹頭，反而日日夜夜處心積慮的在砍樹頭，宋秋蟬還有這份心，真是難能可貴啊！」

我倆聊著聊著，從民權路底轉入順暢的民生路，有如釋重負之感。

時光荏苒，春去秋來，當宋秋蟬的印象隨羊蹄甲的落花飛逝淡忘之後，有一天晚上正在看電視連續劇阿信的時後，她真的來到我家，一身珠光寶氣的貴婦相，坐在我簡陋的客廳裡，真有點格格不入，她似乎在向我炫耀，不由人表現出不悅之色，她已會意，隨即開朗的說：

「伯父、伯母，請不要介意啊，我這一身打扮好像是在騷包，因為經常接待外賓，打扮自己就是尊敬的禮貌，不要以為這些真珠項鍊都是真的，其實都是廉價的裝飾品，連公司的員工都以為是真的，只有楊秘書知道內情。」

她的確是位善解人意的女人，沒有半點做作，是如此謙卑親和，我想這可能就是她成功的原因吧！

我很釋然的說：「請勿見怪，公務員窮生活過慣了，看到一些奢侈的行徑，是有點不太習慣的！唉！人老了，死腦筋，跟不上時代啦！」

「那裡呀！勤儉就是美德嘛，我的穿著只是在商場上演戲的戲服而已。」

「妳的角色演的很成功，現在是國際知名運動器材公司的老闆，對一個女人來說，真是不簡單呀！」

「說良心話，假若我秋蟬算有點成功的話，這完全是加工區之賜，在加工區我學到了生產製造技術，也學到了如何經營管理，更重要的是釣到一尾金龜。」

她笑瞇瞇地一臉的喜悅與滿足。我唯唯喏喏的敷衍著，對她的談話似乎沒有應有的回響，氣氛淡淡的冷冷的。一壺茶未飲完，她便起身要走，臉上的得意笑容收斂得成了一片寒霜，臨走前她不太熱烈的從座車的行李箱內搬出一個紙箱，很客氣的說：

「這是我們公司生產的整套高爾夫球桿，祝老伯健康長壽。」

「宋小姐，對不起，不能收，不能收．．．」我有點氣急敗壞。

「是不是不成敬意？」她睜大眼睛望著我。

「不是，不是，因為我不會打，也打不起，送我是一種浪費嘛，何必呢？」我坦誠以告。

「老伯呀！我記得以前的您不是這樣冷冷漠漠的呀！」

「小姐呀！真對不起，在我的往事簿裡，到現在為止，根本還翻不到妳這一頁呢。」

「二十年沒有那麼可怕嘛，連『小麻煩』您都忘懷了，這怎麼可能呢？」她近似艾怨地說。

我一聽到「小麻煩」，不由一陣震驚，真不相信眼前這位貴婦人，就是當年又瘦又黑的小麻煩宋秋菊，不由得我重重的拍她肩膀，因為心中有一股那種莫名的驚喜，但我又很埋怨地說：

「妳真該打，那天妳不是說妳是宋秋蟬嗎？」

「唉呀，失禮！失禮！真該死，因為那時我年齡不夠，是用姐姐的身份證，是我疏忽了，害您想不起來！」

「我說嘛，我健忘沒有如此嚴重呀！」唉！歲月老人真也會變魔術，把一條毛毛蟲，變成一隻花蝴蝶，把一隻又黑又瘦的醜小鴨，變成一隻高貴的肥天鵝呢！真不敢相信！」

「肥是事實，並沒有高貴啦！」

我揉揉眼睛，想從她的臉上早找到一點滄桑留下的痕跡，但失望了，她緊緊握著我的手，彼此哈哈大笑，把我心中的壁壘，笑得灰飛煙滅，我替她拉開車門，目送她消逝在隆興街的十字路口，癡癡的佇立良久，老伴已悄悄的站在我的身後，輕拍我肩，玩笑的說：

「怎麼，難捨難分呀！」

「的確難捨難分，但不是宋秋菊，而是這一段往事。」我咧嘴笑著說：人說：往事在歲月的漂白下，愈來愈淡。又像一隻斷線的風箏，愈來愈遠。而我卻認為它是一甕老酒，愈陳而愈香。只因它是以汗淚釀造的。

啊！加工區，萬里長城似的圍牆，蜿蜒在一片淒涼的沙洲之上，它護著的不是秦始皇的千秋大業的美夢，而是自由中國經濟的幼苗，更是國人繁榮的渴望。建廠工程，不分晝夜在趕工興建。求職的人群，每天潮水似的從四面八方湧來，當時開工的公司沒幾家，要想找個作業員的工作並不容易，尤其是一家美資廠，不但規定要初中以上，還要挑容貌且評頭論足一番，好像華航在考空姐。

記得是在民國五十九年七月的一個颱風天在二號出入口值班的時後，發現一個又黑又瘦的小女孩畏縮地蹲在牆角，無助的眼神，巡視著進區的人流，那雙又大又圓的眼睛，配在稍微深凹的眼眶中，出於職業的本態，知道她是原住民來尋媽媽的。我背著手，踱到她的面前，若無其事地問：

「小妹妹，妳來幹什麼？是不是來找媽媽呀？」

她馬上站起來，一付標準的立正姿勢，一面搖頭，一面羞怯地說：

「不是找媽媽，想找工作！」

聽說她是要找工作，我毫無同情地轉身就走，誰知到她拉著我的衣袖不放，哀求地說：

「伯伯，請你救救我，我是偷走出來的，不能沒有工作！」

「妳一定不乖，不學好是嗎！」我生氣地甩掉她拉衣袖的手，責叱著。

她迅速地擋在我面前，流著眼淚說：

「我很乖，我好想讀書，因為爸爸要把我賣掉！我不願去萬華去賺那種錢！」

「妳怎麼知道妳爸爸要把妳賣掉呢？」我不信任的問：

「噢！上個月把隔壁我的好同學阿鳳帶走的那個滿嘴金牙的壞阿伯，前天有拿錢來給爸爸！」

她哀求無助的眼光，將我冷漠的心照得炙熱，眼前這個女孩，將沉溺於黑暗的洪流中，伸著手，在呼喊！在求救！我豈能無動於衷？

替她找工作，安排食宿，從此無論雞毛蒜皮的事，都來找我，有時一天好幾次，不勝其煩，所以大伙叫她「小麻煩」，在高雄她舉目無親，真正以隊為家，星期假日，只要不加班，她一定來打掃辦公室，替同事跑腿買香煙送茶水，久而久之，她好像是我們團體不可缺少的一員，大家看在眼裡她很懂事，她在感恩在回饋。

當區內部份公司開始建教合作之後，我鼓勵她參加，很順利取得高職學歷，又利用時間去補英日語。後來被公司選派去日本總公司深造之後，就鮮有連絡了。

宋秋菊當時在同事眼中，是個薄情寡義的女孩，但我認為開口之勞，要求湧泉以報，實在有失服務的初衷！

「對呀！人生能有一兩樁助人成功的往事，也是值得安慰的了，你記性還不錯嘛！」

「唉！年輕人活在希望裡，老年人活在回憶裡呀！」我有點傷感地說：

順手擰熄床頭燈，徹夜在甜甜的往事中徘徊。

杏林春暖

最近各種媒體競相報導的焦點新聞，是聞名國際的心臟權威朱杏林博士，放棄在國外優厚的收入，要回饋社會到偏僻的鄉村去開業，在一般人看來，他不是傻瓜就是神經病，再不然就是存心沽名釣譽。

但故鄉父老，對這件是倍感光榮，鄉民代表會一致決議，代表五萬鄉民致贈朱博士「杏林春暖」匾額一塊，以示慶賀。

開業那天，僻靜的鄉村，一時車水馬龍，冠蓋雲集，花圈花籃排得像條龍，加上舞龍舞獅及各種民間藝團的表演，此起彼落震天價響的鞭炮，遠勝「五年王爺」的大拜拜，人山人海來分享這份榮耀，最感到快樂與驕傲的就是博士的母親沈月里，滿臉堆著微笑，周旋於貴客之間，當曲終人散之後，一切恢復平靜，剩下的是滿地爆花，滿耳的讚美詞：「朱太太，您好福氣！真好命啊！您是博士肚子！」

說到她命好，就好像揭她的瘡疤，雖然內心的那道創傷陳久多年，但只要輕輕一碰，仍然刺痛不已，誰能想到在榮耀驕傲的背後隱藏著多少苦難，多少眼淚，成功是用堅忍、淚水培植出來的，不是浮萍似的隨風飄來的，唯有艱困的環境，才是培養成功的溫床。

月里靠在沙發上，又習慣地撫摸臂上的條條疤痕，凝視油漆一新的回春醫院，景物依舊，人事全非，那段苦難的思緒源頭，又浮現腦海。

她生於二十年代鄉下的貧苦家庭，十二歲那年父母相繼去世，族人把他送給村內的回春醫院做「下女」，燒飯洗衣打掃，聽人使喚，院長朱亞東是台大醫學院畢業的，醫術精良是全灣聞名，在物質缺乏的當時，仍享受豪華的生活，院長夫人穿的用的都是外國貨，一身珠光寶氣，她小小的心靈令她羨慕不已，以院長夫人作為她人生奮鬥的目標，她默默地在神明面前許願立誓：

「今生今世，若不能嫁給醫生的話，我的兒子一定要讀T大，作醫生，做院長。」

月里心地善良，聰明活潑，嬌甜可愛，一雙水汪汪的眼睛，一付人見人愛的臉蛋，上揚的眉梢，微翹的嘴角，表現倔強自負的個性，因而使得與她同年的朱家小少爺國棟深深地愛著她，彼此心中的愛苗隨著春花秋月而成長，也隨著洗衣板、掃帚、抹布而碩壯，慢慢地感到只是作夢罷了，莫說門不當戶不對，自己連一片瓦都沒有，一個苦命的下女愛上富家少爺，只有在歌仔戲中看得到，但她相信緣分，更相信命運。

有一天深夜，當月里洗完了全家大小一籮筐的衣服時，剛站起來伸伸酸痛的腰，國棟悄悄地來到後面，抱住她憐惜地握著那雙粗糙的手，溫柔地說：

「月里，我將來要讓妳過好日子，好好補償妳！」

「唉！我命苦，老夫人肯收留我，已經是天高地厚了，我怎敢希望其他的，小少爺的好意，恐怕我無福消受。」

不禁淚如雨下，依偎在國棟的懷裡，彼此心靈的契合，勝過千言萬語，海誓山盟。

春花秋月，時光流轉，甜蜜愉快的腳步，一下子跑到了盡頭，紙包不住火的，隱情終於被院長夫人發現了，一天晚飯後，月里被揪進房裡，不分青紅皂白，拿起藤條使勁地抽打，月里跪在地上，咬著牙不哭不嚷，只是用雙手不住往上攔以保護頭部，打得遍體鱗傷，直到院長夫人精疲力竭為止，而後把藤條一丟，狠狠的說：

「就憑妳這歹命查某鬼，也配勾引小少爺，也想做朱家的少奶奶，妳作夢！妳馬上滾，給我滾得遠遠的，一輩子也不願在看到妳這個小妖精，這輩子也休想再踏進朱家大門一步！」

國棟發現情形不妙，連忙跑去母親房內跪地求饒，卻毫無回心轉意的可能，最後也顧不得脫離父子關係，也不顧喪失家產的威脅，於第二天離家出走，與月里攜手同心，走上坎坷艱苦的人生旅程，開始向命運挑戰，很幸運的在中部山區找到一個看果園的工作，一間破舊的工寮，真真實實的家徒四壁，但是屬於自己的伊甸園，每天櫛風沐雨，胼手胝足，甘之如飴，憑他倆刻苦耐勞的精神，不到十年就有了自己的果園。

當頹喪消氣的時候，月里一觸及臂上縱橫交錯的疤痕，咬咬牙，擦乾眼淚，捲起衣袖，奮鬥不懈，漫長艱苦的歲月，在政府大力的輔導下，終於成為水果外銷公司的翹楚，已是數以億計的富翁，儘管如此仍然節儉如故。

雖然在商場上一帆風順，但是在生育方面一直不如意，一連生了四個女孩，取名招弟、愛弟、友弟、保弟，皇天不負苦心人，第五胎終於生了一個男孩，那種喜悅是不可言喻的，特別請了一位有名的相命大師替寶貝兒子相命命名，為迎合月里的心意，同時命中欠木，於是取名杏林，寓「杏林春滿」之典，示意杏林將來成為名醫。

杏林從進幼稚園開始，就請了家庭教師，但對四個女兒完全採自由放任，而各個學有專長，都有很好的工作，月里並非重男輕女，之所以對杏林特別關注，就是要實現當年的誓言，以了生平的心願。

杏林自小學至高中，唸的都是私立的明星學校，在一年到頭填鴨式的惡補下，成績總是平平淡淡的始終徘徊在六十分邊緣，但月里心目中兒子唯一的志願是T大的醫學系，第一次聯考差三十多分，第二次差十八分，這年差得最少，只有二、五分，當杏林收到成績單後，為了填志願的問題，國棟與月里自然又是一番爭吵，以這種成績唸其他的科系或其他的學校的醫學系是綽綽有餘的，月里心想再補一年明年一定穩上，但杏林實在是受不，眼看同學上大三了，自己還在「烤」，頭髮烤白了，心也烤焦了，愈想愈不是滋味，不禁自問，到底為誰而活？

晚餐後，大家拉長臉在看電視播報各校錄取高低標準，氣氛凝重得刀子都劃不開，正是暴風雨來臨的前兆，杏林心頭所承受的壓力連氣都喘不過來，更不敢正視爸媽一眼，深恐引燃導火線。

國棟輕言細語的說：

「好太太，改變一下主意吧！就讓杏林讀其他的科系罷，這年頭，行行出狀元，做醫生也不一定好，何必堅持到底呢？不然就要入營當兵了，三年下來就更遙遠了！」

經國棟一提，月里滿腹心酸，就像黃河決了堤，怒氣衝天的一洩千里，近似瘋狂的喊叫：

「我不服氣！不甘心！辛辛苦苦幾十年，就是要爭這口氣！一千個一萬個不甘心！」

國棟一旁又輕言細語的相勸：

「唉！何必呢？人生不過幾十年，快快樂樂過日子多好，又何必活在痛苦的怨恨中，媽她老人家已經八十多歲了，風燭殘年的，提起當年的事就悔恨交織，淚流滿面，天天盼望妳能原諒她，快四十多年了，我倆的頭髮都白了，再多的氣也該消了，兒孫自有兒孫福，凡是看開點就海闊天空了，不要讓無辜的孩子活在我們的痛苦中。」

月里並不因國棟的一番勸說而消氣，相反的聲音更大的怒吼：

「氣消得了，手臂上的疤痕永遠消不了！這一點願望不能完成，我死不瞑目！」

杏林在這一陣暴風中衝擊得心灰意冷，媽媽又沒有絲毫的回心轉意。多年壓抑心頭的怨恨，一時爆炸開來，「撲通！」一聲跪在媽媽跟前，眼淚婆娑地哀求：

「媽！我活得好苦啊！我只想去死，才能好好的休息！」

月里千萬沒想到一向乖順的好兒子，今天竟說出這種令她失望痛心透頂的話，真是心如刀割，一時暈了過去，癱瘓在沙發上，國棟連忙打了「一一九」電話，叫來救護車，在警笛長鳴紅燈閃爍中風馳電掣地送到T大醫院急診室，經一番救治之後，送入加護病房。

國棟迫不及待的問醫師：「要不要緊！是什麼病？」

主治醫師不慌不忙地說：「情況還算穩定，初步診斷是心肌缺氧，不過還要進一步的詳細檢查。」

國棟如釋重負，忙不迭的向大夫行禮作揖，道謝不已。

杏林看到媽，在死亡線上掙扎的痛苦，生命的脆弱，而病患眼中的醫師，好像是無所不能的上帝，是那樣的權威，神聖而崇高。原本對母親的抉擇一直存有極度的反感，此時此刻卻有一百八十度的轉變，認為母親的抉擇是正確的，固然她的動機是狹隘的，只是嘔氣為實現當年的誓言，這何嘗不是她與父親幾十年來茹苦含辛奮鬥成功的動力，於是決心順從媽媽的意願，填了Y學院的醫學系。

杏林一直跪在床邊，緊握著月里的手，眼淚一直涔涔的流個不停，想用淚水沖散心中的鬱結，彌補對母親的內疚，險些釀成終生的遺憾。看到母親平靜地躺在潔白的床單上，在淚光的照耀下是那樣的安靜慈祥，為什麼平常見到的總是一付冷漠嚴峻的面孔？大概是內心的怨恨所造成的錯覺。此時感到自己的意志，從沒有如此堅定，決心要奮發圖強做一個醫術精湛的心臟科醫師，要替母親治病，要替普天下心臟病患者治病。

國棟此時面對病床上的妻子，也百感交集，倔強自負的個性，幾十年來與父母之間劃不開的怨恨，內心也極度的反感，但她一輩子省吃儉用的，一點一滴還不是為兒為女為這個家，今天有這點成就，還不是她一手苦撐過來的，一家大小反而都埋怨她，實在不應該，不由得一聲懺悔的長嘆—唉。

月里在鎮定劑消退後，靜靜地醒來，無力地撐開眼睛，發現兒子跪在床前，緊握著自己的手，一臉的淚水，丈夫也守在一旁，高掛的點滴。在日光燈照耀得晶瑩剔透，不疾不徐的滴下，就像他父子的關愛注入了心房，感到無限的溫暖，她又輕輕地闔上眼，儘管腰際感到酸痛手腳麻痺，她強制忍受著，生怕一動會破壞這美好溫馨的情景。此時也感到自己的個性，害苦了兒子，小孩何辜，白髮蒼蒼的婆婆，一再表示歉意，自己始終不原諒，現在想起來，婆婆是對的，為了愛自己的兒子而阻止我與國棟相愛，當年換成是我也會這麼做。天下父母心，我要兒子讀醫科，更感到無限的愧疚。前塵往事，甜酸苦辣，內心的創傷，臂上的疤痕，一齊湧向心頭，不禁悲從中來，抱著杏林，失聲痛哭。

國棟與杏林見狀，一時驚喜交集，不停地呼叫：

「月里！月里！總算醒來了，謝天謝地！」

「媽！媽！兒子不孝！害您生病！」

主治大夫聞聲趕到，制止大家的激動，吩咐要保持平靜，量量血壓，按按脈搏，滿意地點點頭說：

「一切正常，再靜養兩天就可以出院了。」

大夫在他們一疊的謝謝聲中離去，房內是一片開朗的平靜。

月里無限溫存慈愛地撫摸著杏林的頭，緩緩地說：「乖孩子，媽錯了，請原諒媽的自私。」

杏林從來沒有看到媽這種慈祥的表情，原來冰山的下面隱藏著一股無盡的暖流，內心一陣悸痛，剛止住的淚堤又崩了，懺悔地說：

「媽，您沒有錯，是我太笨，每次聯考都讓您失望，不過這一次請媽原諒，我自作主張，志願卡已寄出去了，沒有徵得您的同意。」

「唉！媽去了一趟鬼門關，什麼都看開了，你喜歡讀什麼，就選什麼。」

「媽！您放心，我還是選醫學系，只是Y校的醫學院，沒有達到媽的願望。」

「唉！老天爺真是捉弄人，嘿！兒子進不了T大，娘都進了T大醫院，兒子要進陽明，娘可不能去了。」

杏林不明所以，楞楞地望著月里，疑惑不解地問：「媽，您為什麼不能去呢？」

月里揶揄地說：「傻孩子，媽說的是陽明山示範公墓，我要看我的兒子成為名醫，我不想這麼早就去！」

國棟：「杏林，想不到妳媽也蠻幽默的，我到希望你做一個仁心仁術的良醫，不要做見錢眼開的名醫。」

正當他們談笑風生的時候，忽然有敲門的聲音，杏林開門，想不到護士小姐與大夫簇擁著一對白髮蒼蒼，面色紅潤的夫婦進入病房，國棟杏林忙著起身迎去，親熱地招呼著：

「爹！娘！」

「爺爺！奶奶！」

月里此時也掙扎著起身打招呼，老夫人連忙按住阻止，右手緊握住月里的手，左手輕柔地撫摸臂上的疤痕，淚珠簌簌而下，雖然洗不掉臂上的疤痕，卻癒合了內心的創傷，從小就失去母愛的月里，在婆婆的撫慰下，不禁悲從中來抱住婆婆放聲大哭，多少委曲，多少痛苦，隨點點熱淚而消逝。

老院長拍著杏林的肩膀，鄭重地說：「乖孫子，好好唸，爺爺的回春醫院等著你回去接班啦！」

月里雖沉浸在又酸又苦如煙的往事裡，但嘴角卻掛著甜蜜自滿的微笑。如夢似幻，杏林幾時來到身邊都不知道。

杏林輕聲地喚：「媽，您怎麼坐在這裡睡呢？我扶您上樓休息吧！這陣子您也太辛苦了。」

「唉！媽辛苦了一輩子，現在可以安心休息了！」

還會來嗎？

柯太太，每天一大早就起床作運動，忙早點，一直要等他們父女出了門，才靜下來開始查經早課，但今天很奇怪，心情無法平靜，注意力無法集中，她摘下溜到鼻間的老花眼鏡，閉上眼睛，殷切不停地禱告……………

「啾——啾——」一陣急促的電鈴聲，她從禱告中驚醒，悻悻然，心想的準是瘋瘋癲癲大丫頭忘了拿鎖匙，於是把聖經放在櫃子上前去開門。站在門外的是一位標緻的少女，穿著高雅樸素，一見面，很有禮貌的向她鞠躬點頭，未語就先微笑起來了。

「伯母，您早啊！我是大小姐美美的同學，她借了我一本書，我是來拿書的，方便嗎？」

「啊！美美上班去了，沒關係，請進！請進！」

「謝謝伯母，昨晚我們通過電話，他告訴我書擺在房間的書架上。」

「唉！美美這丫頭，真是粗心大意，成天瘋瘋癲癲的，借了書又不還，還勞駕親自來拿，實在不像話！」

「伯母不用客氣，我們都是好同學嘛，她工作忙，我目前還沒有找到適當的工作，私人公司的工作辭掉了，閒在家裡，想靜下來看書，準備參加考試。」

「你說的對，私人公司的工作沒保障，說垮就垮，哪有公務員好安安穩穩的，參加考試是對的，唉！你看我這個老糊塗，只顧說話，還沒請教小姐貴姓大名？」

「我姓劉，叫小梅，請伯母叫我小梅好了。」

她再仔細細端詳小梅一番。「小梅，妳以前好像沒有來過。」

「伯母，您好眼力，自從畢業之後各忙各的，今天是第一次到府上。」

她們談得投機，她感到非常開心真是得到了忘年知音，當然也不放過宣揚福音的機會，於是她娓娓而談。小梅正襟危坐，並且靜靜地聽著，不時地點頭讚許。

「伯母，時間不早了，我去拿書好嗎？」小梅突然看了看腕錶，不知美美住哪間？」

「啊，妳看我一聊上就沒有完，忘記了妳的正事。」

上樓後她導遊小姐似的介紹，小梅不住的點頭，進入美美的房間後，小梅專注的瀏覽滿架的書，很自然的取下一本，興奮地說：

「伯母，找到了，就是這一本！」隨即打開來，認真地看著。

她坐在床沿，望著小梅端莊文靜，心想兩個丫頭一個聒噪一個沉默，兩個調和一下，那該多好，但是立即又想了回來，主賜的恩典夠豐富了，她不能太不知足。鬧鐘突然響了一下，十一點半了，她站了起來。

「小梅，不陪了，妳慢慢看，我下去做飯，中午就在這裡便飯。」

「謝謝伯母。」

她下樓後不到十分鐘，小梅也下了樓，拿了一本書，急著要離去的樣子。

「小梅，飯菜都是現成的，熱一熱馬上開飯，妳何必急著走呢？」

「謝謝伯母，今天我還有點急事情，下次再打擾您好嗎？」

「既然有急事，就不勉強，歡迎妳隨時來陪我聊天，我一個人悶在家裡，快成了啞巴了。」

「那就再見了，伯母。」

目送小梅匆忙離去，家中又恢復了那份寧靜，短暫的相處，真是一見如故，那樣善解人意的女孩，真希望明天能再見到。

好不容易等到太陽才紅了西邊的窗櫺，他們父女小鳥似的一隻一隻飛回窩巢，美美一到家，她迫不及待的把小梅來取書的事情說了，一直誇讚小梅如何乖巧文靜，美美張大眼睛，似乎感到莫名其妙，一時愣住，不住地敲著額頭，突然驚叫起來：「糟糕！」

「瘋丫頭，好真的發瘋了，嚇我一大跳！」

「媽咪！我根本就不認識什麼小梅的，她拿走什麼書？是您拿給她的，還是她自己去拿的？」

「瘋丫頭！妳用這種口氣跟媽說話！還是包公在審案！」

「好嗎咪！您知道嗎？可能是騙子上門！！」美美的話沒說完，丟下手提包，鞋也沒脫，三步併作兩步往樓上衝去，她一時滿頭霧水，急急地跟在後面。美美打開抽屜翻找一陣，無力地癱軟在椅子上，有氣無力的說：「媽咪一瘋丫頭不瘋吧！這年頭，知人知面不知心，還一直誇人家如何如何，銀行的存摺、圖章不見了。幸好存摺內只有一萬多元，不然損失可慘了！」

她一陣心跳臉熱，不住地搖頭嘆息：「唉！那樣文文靜靜的女孩，怎麼會是一個騙子？真不敢相信我看走了眼，她一定是迫不得已。」

「媽咪！人家把你賣掉了您還替人家借秤，幫忙點鈔票，在您眼中，人人是耶穌，人人是瑪利亞，壞人的額頭沒有刻字，最毒的鴉片但罌粟花最美麗，您知道嗎？」

晚餐桌上，她免不了受到父女的埋怨，大家主張報案，嚴辦女騙子。她以懇求的口吻說：「損失不大，何必小題大作去驚動警察先生，就是破了案錢又拿不回來，算了罷！一個女孩子也怪可憐的。」

「媽咪！您這種想法是好壞不分的濫好人，同情壞人就是對好人殘忍，社會善良秩序無法維持，生命財產將失去保障，壞人更膽大！更猖狂！」

「好吧！那就隨你們的意思。」

警察來了，她又遭到一陣訓誡。「柯太太，妳在這一帶是出了名的大好人，壞人就是利用妳心腸好的弱點，達到目的。這件案子，換成別人，騙子根本就進不了門，自然就不會發生。今後妳得處處當心，時時警惕。」

她頻頻點頭。

美美往警察走近，問說：「請教警察先生，騙子何以知道我的姓名住址及生活狀況呢？」

「這很簡單，電話簿、同學錄、通訊錄、雜誌上的徵友欄、名片、信封等，都是很容易取得得資料，這些東西不用時最好隨時銷毀，不要任意丟棄。同時奉勸各位，存摺、支票、圖章絕對要分開放置。」

送走警察先生，她自怨自嘆，「唉！活了一大把年紀，給一個黃毛丫頭騙了，老糊塗，真沒用了！」

她的先生拍著她的肩膀，「老伴，花錢買教訓，也是值得的，不要太自責了，」

她低下頭喃喃地：「還會來嗎？」

六月愛河

六月火紅的鳳凰花，把愛河的龍舟炒得滾熱，自中正橋到五福橋的愛河兩岸，更是人山人海，萬頭鑽動，為龍舟加油的掌聲、歡呼聲、尖叫聲、口哨聲、加上賣冰淇淋的「巴布」聲，把碧空的白雲震得棉絮似的，一團一團的往壽山頂飄去。龍舟在咚咚的鼓聲中，如翻江倒海的猛龍，在飛濺的浪花中騰躍前進！看選手們為榮譽為勝利拼鬥的精神，剛健的表現，女生們力與美的揉合，讓觀眾如痴如狂，忘我地醉心欣賞。

住在山城的陸小雯，久聞港都龍舟的盛名，特意趕來看熱鬧，她夾擠在人叢中，伸長脖子踮著腳，不時也感染地跟著鼓掌喊叫，浸泡在興奮之中，待奪標後龍舟回航的空檔，拿紙拭面的時候，發現肩上的皮包不見了，只剩下一條背帶，她不由自主的尖聲喊叫：

「扒手！扒手！扒手啊！」

她一面喊，一面抖著那條被剪斷的皮包背帶，生怕人家不相信。

經她一喊一叫，把四週的人吸引了過來，大家看猴戲似的把她圍在中央，觀眾們七嘴八舌的表示沒有用的關懷與同情。

「唉呀！看熱鬧人多手雜，帶皮包出來幹嘛！」

「為什麼不小心呢！」

「趕快去派出所報案！」

「皮包裡有什麼貴重的東西沒有？」

「假使有身分證，提款卡呀，趕快去登報掛失！免得被壞人利用了！」

她強忍著眼淚，六神無主地搓揉那條皮包帶子，警局迅雷中隊的便衣小隊長朱江明，老遠看到這邊的情況，快步的走到現場問：

「小姐，發生了什麼事？」

她尚未抬頭，看熱鬧的人便爭著答話，江明知道怎麼一回事之後，又很關懷地問：

「小姐！皮包裡面有什麼貴重的東西嗎？」

「只有一千多塊零用錢。」小雯靦靦腆腆地說。

「好佳在！花點小錢買個大教訓，蠻合理的，有什麼困難需要幫助嗎？」江明很熱情的說：

「回家的車票錢沒有了！」小雯低著頭，一臉羞愧的緋紅，好像是向人乞討。

「啊！」江明頓時伸出職業的觸角，想到目前無所不用其極的騙錢手法，面對這樣一位令人傾心的女孩，說不定是位包藏禍心的蛇蠍美人，不妨試探一下，於是從皮夾內抽出一張千元大鈔，遞給小雯說：

「夠嗎？」

小雯兩隻水汪汪的大眼睛，驚奇地望著江明，心想在此人情冷暖社會炎涼的今天，像這樣富有同情心的青年實在不多見了，但她馬上又想到他是否存心不良，懷疑自己是在騙錢呢？她猶豫著，沒有立即伸手去接。

「怎麼，還不夠嗎？」江明故意以溫柔的口吻說：

小雯此時心中的猜忌一掃而空，急切的說：

「不—不—太多了，五十塊零錢就夠了，因為車上不找零。」

江明即時江千元券收回，另行遞給小雯兩百元說：

「大熱天，去買瓶飲料喝吧！再見！」

小雯把兩百元緊緊地抓在掌心，好像有一股暖流注入了心房，感到溫馨之餘，還有一種來電得微醺，手足無措的楞著，忘了說聲謝謝，於是跑步追上江明，急促地說：

「請先生留個姓名住址好嗎？回去好寄還給你！」

「還！那不必了，來高雄歡迎來舍下泡茶，我媽很好客。」

江明取出一張名片，遞給小雯，又指著名片說：

「來的時候打B.B Call，隨時會找到我的。」

「謝謝你，一定去府上拜訪。」

小雯接過名片一看，輕清爽爽的，除了「朱江明」之外，只有一個B.B Call號碼，不像其他的人名銜一大堆，來炫耀自己的身份與地位，朱先生確實是務實而有同情心的青年，她坐在開往山城的高雄客運上，疾駛在旗楠公路，滿腦盡是朱江明的影子，那高挑的身材，端莊的儀態，迷人的臉蛋，讓女人醉心傾倒，說不定因禍得福，想到這裡心湖泛起了陣陣愛意，但她又想回來，不可能沒有結婚？不然就是條件太苛，她反覆的思考著，到站不知道下車，她自己在笑自己三八。

朱江明，是警局迅雷中隊的隊員，因智勇雙全，出生入死，緝獲槍擊要犯，晉升為小隊長，在工作上一帆風順，但在婚姻的道路上坎坷崎嶇，他深信因緣宿命，大概有七八次了，總是擦肩而過，原因是他的職業，社會大眾看警匪槍戰的電視看多了，誰願意嫁個在槍林彈雨中討生活的丈夫？相反地，地痞流氓卻能擁有三妻四妾，因此他對任何美麗動人的少女，只是以純藝術的眼光去欣賞，就拿今天的事來說，他連對方的姓名都不問一下，自認是職責使然，但他對小雯的純樸誠實，美而不嬌的氣質，卻深印腦海，無法抹除。

晚餐後，坐在客廳，欣賞古典名曲時，茶几上的B.B Call聒噪地響起，他習慣地著裝準備出任務，但一看是個陌生的電話號碼，懷疑一下，會是誰呢？

他只好打過去，只聽得一陣羞中帶澀的聲音。

「你—是—朱，先生嗎？」

「是的！請問你找誰啊？」

「我找朱江明！」

「請問你是誰呀！」

「我是陸小雯。」

「陸！小—雯—小姐妳可能打錯了，我們好像並不認識嘛！」

「真的是貴人多忘事，就是今天在愛河借兩百塊的人呀！」

「喔！原來妳叫陸小雯！有什麼事嗎？」

「明天想到府上拜訪，方便嗎？」

「拜訪不敢當，歡迎來玩。我住的地方是市中一路X號。」

江明把話機擱上，笑瞇瞇的看著媽媽，坐在一旁的媽媽聽在耳裡，看在眼裡，知道兒子江明又交了女朋友，特別吩咐說：

「阿明啊！小姐要問妳的工作，可千萬不能講實話啊！一次又一次的嚇得小姐不敢嫁給你，你不急，娘可急著抱孫子呀！你知道？」

「媽呀！這位小姐昨天才追到的，剛才才曉得她的名字，凡事不能急，看緣分嘛！騙人也只能騙一次呀！」

「我可不管！」

朱媽，一面說，隨即起身將櫃檯上的獎牌獎座、牆壁掛的錦旗獎狀，統統取下塞進紙箱內，連玄關上的黑襪，都不放過，要讓人看不到一點痕跡。

這一夜，朱媽，夢見抱孫子，醒來笑得合不攏嘴，江明卻沒有夢，因為破夢太多次了，一個夢一次的傷害。

十點不到，陸小雯花蝴蝶似的來到江明的家中，還帶來一大箱短胖胖黃橙橙的芭蕉，甜中帶酸，非常可口，特意介紹是自己蕉園出產的新品種，朱媽媽喜孜孜招待小雯，又是飲料，又是點心的，眼角的皺紋笑成人字形，好像小雯就是進了門的媳婦。

江明與小雯正聊得起勁的時候，江明腰上的B.B Call響起，他知道是隊上通知出任務，於是向媽媽使眼色，撒謊說：

「啊！車禍受傷的老吳，情況可能有變化，得趕快去醫院看他，陸小姐，真抱歉，失陪了！」

「不客氣，請便吧！」

江明離開後，朱媽媽心裡非常高興兒子有聽話，同時也想到能娶到這樣一位標緻的媳婦，真是朱家祖上有德啊！於是他眉飛色舞的向小雯背她認為很恰當的一段台詞，誇江明的人緣如何好、口才如何如何好、業績收入如何高，以及江明的童年趣事——。

小雯今天來感謝江明昨天的資助，只是藉題而已，目的是想了解多一點，不待問，朱媽媽已經說明了。

走出朱家的大門，回頭多看幾眼慈祥臉上又掛滿了希望的朱媽媽，開朗的心扉，隨即慢慢地掩上，因為她知道父親絕對不會同意的，想到上天如此捉弄人，是不是前生的壞事做得太多了？但她又不甘心就此放棄，心想既然老天爺給她難題，為何不把難題再交回給老天爺呢？船到橋頭再說吧！事想開了，緊繃的心情也放鬆了。

從此江明與小雯墜入了愛河，西子灣的夕陽印滿了他倆的影子，澄清湖的情人道，踩滿了他們的腳印。

鳳凰花謝了又紅，太匆匆，他們認識交往快一年了，每次見面，只是天南地北的閒聊，彼此都不願切入正題，就像一隻五彩繽紛的氣球，誰也不願去戳破它。直到有一天，江明被他媽逼急了，趁著在西子灣的堤上，手牽著手漫步看落日的時候，鼓起勇氣的問：

「小雯，我們交往這麼久了，我想去府上拜訪伯父伯母一下，好不好？」

小雯一直在和稀泥，想不到今天江明會提出這種關鍵性的問題，臉上的彩霞，一下子變成了烏雲，笑容收斂了，牽著的手也放開了，她的表情與動作已經很明顯的在回答了，江明只是不明原因，語帶訝異地問：

「為什麼呢？」

「因為我們的交往，一直瞞著父母的。」小雯低下頭靦腆而細聲地說。

「我知道我不配！」江明微慍地說。

「不是！不是！我老實告訴你，因為你的工作關係，父母對推銷員的印象特別壞，他曾上過大當吃過大虧，所以我在家不敢提，但我想時間會改變一切的，你能等嗎？」

小雯抬起頭，以祈求的眼神等著江明的回話。

「隨緣吧！」江明故作冷靜的說。

美麗的憧憬破滅了，蜂蜜好像滲了水，西子灣的落日看起來不再那樣羅曼蒂克，在愛河也聞到了水有異味，他們雖然仍維持著表面，但在感情上卻漸漸地疏遠，如同斷了線的風箏，隨風而逝，各自手中握著的僅只是個線軸。

小雯來江明的家次數少了，敏感的朱媽媽意識到又有問題了，每次問起時，江明總是敷衍著，不願告訴她弄巧反拙的實情，免得她煩惱而自責。

倒是江明隊上的同事小宋，與女朋友認識不到三個月，卻一帆風順，準備參加警察節的集團結婚，令江明羨慕不已。事有湊巧，小宋的未婚妻竟是小雯的堂妹阿琴，他倆來到小雯的家中，央求她擔任他們的伴娘，她毫不考慮的答應了，想藉此沾沾喜氣，但她又撒嬌地要求說：

「伴郎倌可不能太菜啊！」

「請我們的頂頭上司朱江明小隊長，包妳滿意！」小朱眉飛色舞地說：

小雯一聽到「朱江明」的名字，心猛然跳了起來，頓時臉也緋紅，但又強按奈著那股莫明的情緒，心想同名同姓的太多了，不必要如此激動，裝作若無其事的問小宋：

「妳說的朱江明，是不是長江的江、光明的明，個子高高的，很像劉德華，住在市中一路的那一位呀！」

「對！對！就是他！」小宋急切地回答：

「怎麼呀！你們認識呀！」阿琴訝異地問：

小雯淚汪汪的手抱住頭，激動的衝進她的臥房，「砰！」的一聲把房門關上，阿琴叫了很久，相應不理，只好離去。

小宋回到隊上，把小雯的情況，一五一十的告訴了江明，本來心如止水的江明，又激起一陣漣漪。謊言拆穿了，說不定能起死回生，不然她不會如此的在乎啊！

第二天江明以請罪的心理約小雯在愛河見面，小雯歇斯底里地哭過一陣之後，嘟著嘴問：

「伯母為什麼要騙我呢？」

「請原諒，因為家母太愛妳的關係，深怕跟前面幾位一樣，認為我的工作危險性太大，又吹掉了！」江明解釋著：

「你知道嗎！我父親是位身經百戰的老兵，他常說：必死不死，幸生不生。漁夫死在海上，軍人戰死沙場，是天經地義的事，何況人的生命是上帝的，自己無法也無權去決定長短！」小雯坦然而慢慢地說：

「如此豁達，真不愧是革命軍人的女兒！」江明誇讚著。

他倆相擁相吻，愛在昇華，情在沸騰，聞到愛河的水，不但不臭，反而香香的！

濁念

凌晨五點多，散步經過儂儂賓館的時候，一位女郎慌慌張張的擦肩而過，差一點撞個滿懷，起初我只是想她好莽撞啊，不懂禮貌，但她披的那件黑色鑲珠的披風，頓時讓我想起了陸露。

「奇怪，她怎麼會來這種地方，不可能！不可能，何必以小人之心度君子之腹呢？」

「不對！不對！假若不是陸露的話，她大可以從容的走呀！何必如此慌張？分明是怕我認出她！」

一路走，一路自問自答，幹什麼呀！吃得太飽撐啦，來管人家的閒事，她又不是你什麼人？

雖然自己在安慰自己，在散步中陸露仍然縈迴在我的腦海，隨著步度在盪漾起伏。

記得認識陸露是在爬山的時候，也是披著一件黑色鑲珠的風衣，大大的眼睛，甜甜的臉蛋，薄薄的嘴唇微翹出些許的傲氣，讓人一看就認為是女強人型的女孩，她手握傻瓜相機，安適地依靠在一棵榕樹下。

「老伯，拜託給我按一張好嗎？」

「好的！沒有問題，照壞了可不要怪我啊！」

「看老伯揹了這麼多的攝影器材，一定是高手，不要客氣啦！傻瓜相機隨便就可以了！」

「高手不敢當，只是愛好攝影而已！」

「小姐，妳的傻瓜罷工了，還是用我的相機替你拍一張好嗎？」待我取好距離，要按的時候，就是按不下。

「當然好囉，只是太麻煩老伯了。」

「小事一樁，不用客氣了！相逢自是有緣嘛！」

「老伯經常來嗎？」

「是的，除非刮風下雨的日子不來。」

「我呀，是兩天打魚，三天曬網，但是我很喜愛我們港都人所擁有的壽山！」

「不錯，我們都是仁者，因為很愛山啊！」

兩人相視哈哈大笑，於是他取出飲料、餅乾一同飲用著、聊著。

「妳現在工作？還是？」

「噢，在讀研究所。」

「失敬！失敬！」

「老伯快不要如此說，聽說西門町一塊招牌掉下來，會砸到一個博士呢？」

接著又是一陣哈哈大笑，她的爽朗，就像披滿陽光的好漢坡一樣，我們談人生、談哲學，非常投機，留下電話號碼後就下山了。日後在山上遇到兩三次，每次總是披著那見黑色的鑲珠的披風。予人印象深刻。

當我存在心中的疑團，快要淡忘的時候，不期地又在山上相遇了，我想她應該會逃避，而她沒有逃避，我想她應該感到羞恥，而她卻談笑風生，驕態如故。

面對一個邪惡，它披著一身聖潔的白紗，她是位出色的千面女郎，不知要怎樣拉開她的虛偽呢？我正在躊躇的當兒，被她看出來了！

「老伯！你今天好像有心事？」

「不錯！的確有心事，也只有妳能化解！」

「嚇！」她睜大眼睛感到驚奇！

「告訴妳吧，在數月前的一個凌晨，當我去散步的時候，碰到一位女郎冒冒失失差點撞到我，那位女郎很像妳？」

她若無其事的說：「不錯，就是我！」

我真不敢相信人無廉恥到這種地步，她看我一臉錯愕，頓時會意過來。

「老伯呀！你把事情想歪啦！你以為去賓館的人就是去搞色情呀！那天是因為有位同學與先生鬧彆扭，在賓館打電話給我，說要自殺要離婚，耗了一晚總算把她勸住，我也知道去那種地方一定會被人誤會，所以顯得很慌張，想不到還是被老伯看到了，真是欲蓋彌彰！」

「對不起！小姐，我的心竟被世俗溺斃了！」

「我很高興，證明又多一個人在關心我。」

「走！爬好漢坡！」

「好的，奉陪老伯到底！」

「我這顆濁心，就讓山風漂漂吧！」

另一種解脫

滴滴答答的黃梅雨，下了好長一陣子，快把心淋霉了，昨夜風停雨歇，好高興啊！

早晨起來，仰望天空，一片蔚藍，偶而飄來幾朵急著趕路的白雲，微風輕輕地拂過窗前的矮牽牛。知足常樂的白頭翁，蹲在電視天線上，拉開嗓門，猛唱山歌、唱的可能是晨光曲吧！啊！可能是新鴛鴦蝴蝶夢！

通常雨後的彩霞與落日是很迷人的，因此，午睡起來，就揹著相機，與沖沖的搭車坐船來到旗后山下，漁船舢板大貨輪進進出出的，把高雄港織成一片繁榮與忙碌，一群白鷺鷥不疾不徐地劃空而過，那份優雅清閒的逸緻，好不令人欣羡。

西子灣北堤的上空，雲的濃淡與造型果然不錯，內心竊竊自喜，假若沒有意外的話，應該可以逮它幾張。於是架好腳架，鎖上相機，用135mm的鏡頭不寬不窄的恰到好處，最妙的是前景，一位坐在堤上垂釣的長者，尤其他手持釣竿眺望遠方的姿勢，這種姿態在國畫中看過，那是姜向與嚴子陵的風範啊！

帶鹽腥味的海風，輕輕地拂面而過，愜意極了，不禁哼唱著白雲故鄉：「海風翻起白浪，浪花濺濕衣裳，寂寞的沙灘，只有我在凝望」，我有腔沒調的唱著，前面那位釣者，不時轉頭來瞪我。但願他老兄是在激賞我的歌喉，切不要破壞了這一灘海詠才好啊！

我很識相，自動地閉上嘴，好整以暇地再調整一下光圈與快門，構圖的理念是當血紅的落日下緣，到達釣竿的尖端時按快門，甚至作品的題名都想好：「釣得一輪落日」

此時西天，朵朵黑灰的雲，鑲著白邊，在落日的照耀下染成漫天彩霞，也染紅了西子灣，我的心在景窗中隨著落日而亢奮不已！因為一張佳作即將誕生。真要命！當要按快門的當兒，那垃釣客正準備收線回家，急得我直跺腳，只好快步跑去央求：

「老兄，對不起！請您坐下來再釣五分鐘好嗎？」

「怪啦！一個下午，只聽到你在唱歌，現在我要回家啦，你又要拍要照啦！也真會找麻煩。」

「哎喲！再磨姑就泡湯啦！」我拍著腦門請求：

他無奈地又坐下，揚起已收線的釣竿，微仰著頭，讓我拍個痛快，當他再回頭時，我舉手行禮，一方面表示謝謝一方面也告訴他拍好了。

暮色四合，落日帶著一天的璀璨謝幕入海，絡繹的漁船，駛足馬力，乘風破浪，急著入港靠岸。

待我收拾好相機腳架，他左手拿著釣竿斗笠，右手提著一隻破舊的塑膠桶走來、魁梧的身材，濃眉大眼高鼻樑，歲月風霜仍磨不去那份英俊，挺直的腰桿在諷刺經不起風雨滄桑的滿頭白髮。在漫天餘輝中我們並肩走著，真像兩個老朋友。我低頭看他桶內空無一物，於是我打趣地說：

「原來你是來餵魚的呀！」

絕。」

「也可以這麼說，我釣魚的原則是不到半斤以上的一律放生不能趕盡殺絕。」

「想不到老兄如此的慈悲為懷！抱歉！還沒請教貴姓？」

「小姓丁，丁一貴。」

「敝姓袁，袁順生，請多指教！」並捧上名片。

「袁兄回去幾次啦！」

「一次就夠了，還幾次，父母不在了，報答無門啊！」

「我家在一水之隔的廈門，我也不打算回去，因為全家都被共產黨鬥死了，拿大把的血汗錢給不共戴天的劊子手去花，想一想實在不是滋味！」接著一聲長嘆！唉！

我們從港口左邊的陡坡，拾級而上，他輕快的腳步，我跟在後面感到有點吃力。走到往渡船碼頭的巷道時，他停下來，用釣竿指著遠方山腳下的一間獨立家屋說：

「我就住在那裡，歡迎袁先生來玩，沒什麼好的招待嘛，但鮮魚是夠你吃的！」

「好的！改天一定登府叨擾！」

我們緊握著手，他咧嘴大笑，兩顆金牙在路燈的照耀下閃閃發光。

「好！好！隨時歡迎大駕光臨！」

我獨自在狹隘的巷道中左彎右拐的走到天后宮前，整條海鮮街的糖醋辣味，隨著陣陣的海風在空中飄蕩，誘使人加快回家的腳步。第二天相片沖洗出來了，看起來還蠻有沙龍調，還有張居然得到一個小獎。因此，每當看到這幾張作品時，很自然的就會想到旗后山下的老丁。

我也曾打過好幾次的電話給他，老是沒人接，我想大概又去釣魚去了。想不到在半年後的一個晚上他在電話中要求我替他去照幾張相，因為在國外的兒孫們很想他。

我原想老丁大概是一個自由慣了，不願住榮家就養的老榮民，想不到有兒有孫，還在國外，真是看走了眼，不由人對他肅然起敬。

第二天我揹著相機腳架來到旗后山下那間獨立家屋前，我疑惑自己的眼睛所看到的，在每年國民平均所得超過一萬二千美金的台灣，居然有人住這種房子，真是名符其實的克難房屋，盡是廢棄的建材拼湊起來的，看屋頂有洋鐵皮、石棉瓦、水泥瓦、油毛氈，為防颱不但用尼龍繩牽著，還用磚塊鵝卵石壓住。窗子也大小不一，有鋁窗木窗，真是廢物利用的好教材。房屋雖說克難，但環境衛生卻是一流的。幾株茂盛的扶桑花照樣在門前迎風招展，「天增歲月人增壽，春滿乾坤福滿門」的紅底金字春聯照樣貼在門的兩邊，我想春與福是公平的，它降臨在富豪們的高樓大廈，也同樣降臨在貧窮人家的竹籬茅舍啊！

「丁先生，丁先生」我一面敲門，一面嚷嚷著，輕輕一推，門就開了，竟然門未鎖。環顧室內，一目了然，正感奇怪時，只看他也剛從市場回來，拎了兩瓶啤酒，還有一包滷菜，熱情地歡迎我。

「怎麼！出門門也不鎖呀？」我帶點驚訝地說：

「你看全是垃圾堆撿回來的東西，小偷你要請他也請不來呀！」風趣地兩手一攤地說：

他把滷菜啤酒放在矮桌上，又沏了一杯烏龍茶。

「袁兄您請坐一會，我去煮條魚就開飯。」

「不客氣，請便！」

此時我瀏覽屋內，倒有出人意外的整潔，四壁釘的雖然是大小不一的三夾板，但是漆得白白的，使人感到潔靜而舒爽，原以為他在說客套話，其實一點也不假，幾張沙發椅，不但高矮不一，且型式質料也不一樣，有塑膠皮的，大理石的，還有藤的，雖然是撿來的舊東西，但都擦拭得一塵不染，左邊那張床，一塊厚厚的夾板，一頂草綠色的蚊帳掛得挺挺的，一床軍毯也是摺得方方正正的。皮鞋膠鞋拖鞋也是班橫隊式的排列整齊。一只塑膠衣櫥上，擺放著奶粉瓶茶葉罐。右邊靠後有扇門通往屋外簷下的廚房，用家陡四壁來形容是一點不過份的。

屋內不時有柴煙飄進來還混雜菜香，我信步走出一看，原來還在燒木柴。

「丁兄什麼年代啦…你還在燒木柴呀！」

「燒木柴有什麼不好呢！既省錢又作環保，你看這些舊傢俱，廢建材不利用多可惜啊，想當年初來台灣時，我內人經常去掃樹葉割雜草曬乾來燒。一般人吃了三天飽飯，就忘了當年的艱苦，今天燒自來瓦斯，有幾個人想到燒煤球的日子。」

聽他這麼一說，內心感到好慚愧，不由人臉紅紅的無言以對，後悔自己膚淺。他看到我的神情又馬上補充說：

「我就是天生的死腦筋，永遠跟不上時代，老婆孩子也時常批評我是老古板！」

「那裡！那裡！勤勞節儉，原是我們中國人引以自豪的美德，在鼓勵消費的潮流中，像丁先生這樣的人實在太少了，剛才的唐突請見諒。」

「各人的觀念不同，不能說我對你錯，在我來說每月固定的那點退伍俸，不能開源，只好節流。目前社會風氣敗壞，亂象叢生的原因是只會花不會賺的人太多，最後只有鋌而走險，去偷去搶！」一面說，一面在添油加水，不時側過頭來看看我。

未幾，他將木柴抽出，塞入一旁的沙堆中。這是防止火災的安全措施。隨即雙手將鋁鍋端上桌。打開鍋蓋一看，真是色香味俱全，一條黑色的海鱸魚，加上白色的嫩豆腐，綠色的大蒜苗，還有幾個紅辣椒以及黃色的薑片，不由得食指大動。

「對不起！只有一個菜，怠慢啦！來！乾一碗！」

「唉！不用客套啦，這真是難得吃到的山珍海味啊！」

彼此敬來敬去的，直到鍋底問天，酒瓶空空，真是酒醉菜飽，飽得不停的打嗝。收拾好碗筷之後，他就在床鋪下的紙箱內取出一本泛黃的相簿，一張一張的介紹著，它紀錄著走過的悲歡歲月，他臉上不時流露出喜憂的表情。

當翻到一張三位英俊少年穿著博士服的合照時，他加重語氣的說：「這是我的三個兒子，民族、民權、民生他們兄弟是同一年通過博士論文取得學位的。」

「真了不起，一門三傑啊！看起來好像是三胞胎嘛！」

「民族是年頭生的，民權、民生是年尾生的雙胞胎，袁先生好眼力。」

「他們現在那國，學什麼的！」

「都在美國，好像是什麼太空科學嘛！」

「是目前最吃香的尖端科學，應該回來才對。」

「我也這麼想，他們三兄弟認為目前國內還沒有他們研究的空間，只要國家需要，他們會隨時準備回來。」

「你為什麼不去美國含飴弄孫享享清福呢？」

「唉！別提了，我退役之後，孩子們就要我搬去美國住。前後不到一個月就受不了，人說美國是老人的墳墓一點不錯，父母很少同兒孫住在一起的，只有在公園散步曬太陽。尤其我看不懂洋文，聽不懂洋話，簡直是活受罪，住的雖然是高級住宅，但總感到不如我這間棚寮舒適；現在的生活才是真正的享清福啊！」

「像丁先生這樣閒雲野鶴，垂釣浪濤的生活我好羨慕啊！」

翻了七八頁，儘是孩子們的畢業紀念照，一些上台領獎狀獎杯的相片，就是看不到丁太太的，或者是全家福的相片，他絕口不提，我也不好啟口問。就在此時，一張相片從簿中滑落地上，差不多同時伸手去撿，他似乎有點急切，但被我先撿起一看，原來是他與一位女人的合照，於是我問：

「這位大概是大嫂吧？」

「不錯，他是孩子的媽，新蘭！」他有點落寞的口吻。

「她在美國跟著兒子享福呀！」

「沒有！她可能是死了！」

「怎麼！你是說還不能確定囉！」

「的確不能確定，我也一直希望不確定，因為不確定還有希望！」

接著一聲長長的嘆息，我也不好意思再問而惹他傷感，我細心地觀看相片，丁太太真是一副美人胎子，真有點像死去的電影明星樂蒂，只是眉心多了一顆痣，頓時心中萌生一種紅顏薄命的俗念。他看著我疑惑而期待的眼神，帶點勉強的口吻說：

「新蘭她投海了！就在我每天釣魚的地方。」

「既然投海了，怎說還不能確定呢？」我好奇地問：

「因為沒有找到她的屍體，但堤上留有她的衣物，我很清楚她生性軟弱善良，沒有自盡的勇氣的。」

他自信地說著，對自己妻子的瞭解，充份地顯示在語氣之中，此時那隻六十燭的燈泡散發出的黃色的燈光照著他臉上濃濃的酒紅，仍難掩那落寞而帶著憂傷的神情，我看在眼裡，內心也感到陣陣淒楚，只好很俗套的安慰他說：

「吉人自有天相，但願你的猜想沒有錯！」

「唉！袁兄不要安慰我了，一個出生入死的老兵，還有什看不透呢？不過對自己的信心，經歷了十多年歲月沖蝕，已經在鬆動搖晃，唉！只怪自己當時罵人太狠毒了！」

說著說著，他又掉進痛苦的回憶中，兩眼盯著燈泡，兩手緊握，全身在顫抖，忽然近似咆哮說：

「妳還有臉回來！妳去死吧！是我該死！我沒有好好的照顧妳，是我的錯！是我的錯！」

丁一貴他這種幾近瘋狂態度，是由於久年孤獨的壓抑所產生的一種反射，這種壓抑若不能抒發，日久就會變成神經病，好像地底醞釀久年的火山，所幸今天找到一個缺口，提前爆發，沒有造成災害。

我還沒有想出用什麼話來安慰他，他腼覥地說：

「袁兄呀！對不起，剛才失態！」

「那裡，不要壓抑自己，要哭儘管哭，要笑儘管笑，能儘情發洩，對身體是有益處的！」我若無其事的安慰他：

一陣風雷似的，剎時雨過天晴，丁一貴腼覥地用雙手不斷地擦拭著臉，又揉揉眼說：

「唉！醉了，醉話連篇。」

「丁兄沒有醉，這是正常而健康的現象，沒什麼難為情的，假若換成別人，大概早就進杜鵑窩了！」

丁一貴他咧嘴笑著，我喝完杯裡最後一口茶，看看手錶時候不早了，等會太陽就下海了，我催促他趕快整裝去海邊拍照，他在壁上取下一件土色褪成了白的舊式香港衫往肩上一搭就出門了，一面走一面扣鈕扣。通往燈塔的路上，有繹絡不絕的遊人回頭了，我們快速地趕到西子灣對面的南堤上，夕陽已將海面鋪成一片金黃，丁一貴他走到釣魚的地方，面向西方，扯扯衣領，故意挺挺胸脯，咧嘴微笑，擺出一副模特兒的架勢，特寫，全身，半身拍了四五張，當長鏡頭把他的容顏拉進景窗中，發現他裝出來笑容總掩不住內心的悲戚。

從此，丁一貴他還認為我還有點人情味，經常有事無事的在電話中聊聊天扯扯，有時相約在旗津的海鮮攤上喝幾杯啤酒，天南地北地聊著，聊到最後一班35路公車，但絕口不提他太太新蘭的事；但他眉宇神情之間卻一直在訴說著不為我知的那段傷心的往事和無盡的牽掛。我也不願做礦工去地底挖掘人家的隱私；打開人家久藏心湖中不願宣洩的閘門。

時光荏苒，旗津的渡輪，來來往往，喧喧囂囂地渡掉了五年的歲月，我也退休了，不必再朝九晚五的奔波，正是自我生活的開始，一位經營地圖的親戚，他要出版一冊中英對照的台灣旅遊手冊，全島風景區要我替他去拍攝。雖然是件很艱辛的任務，基於自己酷愛旅遊及攝影，不顧老伴的反對，欣然地答應了，花了兩個月的時間，從南到北，從高山到海濱，為風景攝影，能得一睹盧山真面目，有的地方見面不如聞名，有的地方則聞名不如見面，有的說山非山，說湖非湖，說港非港。有的是因為人文地理的滄桑變遷，有的則是誇大宣傳的誤導，往往有名不符實之感，當然囉：風景的美與醜，是一個見仁見智的問題，也許是平凡如我，對風景還沒有那層慧根悟性吧！

記得到苗栗時，是九月下旬，白天仍然是火傘高張，暑氣逼人，拍完風光旖妮的明德水庫之後，坐客運車抵達獅頭山已時三點多了，人生地不熟的在獅尾站下車，我抱著朝山的心理，獨行在古樸的石階上，蜿蜒在蒼樹岩壁之間，一路欣賞著青苔密佈的石刻題字，以及遊客們無聊的紀念留言。踩在未曾緣客掃的荒徑上，看到滄桑擦身而過！

獅頭山，因形似獅頭而名，雖懂四九六公尺，但俗話說得好，「山不在高，有仙則名，水不在深，有龍則靈。」它是佛教聖地，也是仙佛村，山上除了寺廟還是寺廟，我逢寺必攝，那蟠龍石柱，造形各異的石獅，表現古建築特有飛簷燕尾，栩栩如生的壁雕藝術，我不懂得欣賞建築藝術之美，但面對每座寺庵富麗精緻細膩的雕樑畫棟金碧輝煌，不由人內心感到它的莊嚴肅穆而萌念對神佛的虔敬，我想這大概就是藝術的化育之功吧！也是有名的圓瑛法師遊山到此所題的「即心是佛」的道理。

我灑灑脫脫地拾級而上，愈高愈感到驚險，一邊是懸空幽谷，一邊是削立的峭壁，終於走到最高點望月亭，放下行囊，一陣舒展筋骨之餘，不禁大呼三聲，那種人登山峰我為王的滿足感加驕傲，只有登山的人才能意領神會。俯瞰群山在抱，雲蒸霞蔚，樹海蒼茫，不由人想起陳子昂登幽州台那種前不見古人，後不見來者，念天地之悠悠落寞與孤寂的心情，但是我沒有獨愴然而淚下。因為我覺得這是心靈的故鄉，騷人墨客到此，不感興也難！不吟哦一番也難啊！

我原來的行程計劃是夜宿新竹的，但望月亭的月色留住了我，不忍緣慳一面，更因連日奔波的旅途辛勞，也該在此名山勝景休憩一夜，身心的紅塵也好讓清靜的山風拂拭拂拭，也期望能明心見性，於是在元光寺打齋掛單。

獅岩洞元光寺，是獅頭山最高最老的寺，它依山而建，鑿洞開廟，左側聳立著一座靈塔，全寺建築古色古香，木魚伴著磬聲，已敲走了百年歲月，神佛無語，它在默數過往滄桑。

一位年輕的和尚，雙手台十，領我進入客房，窗明几淨，一如鬧市的飯店，但沒有都市車水馬龍的喧囂，用過可口的素齋之後，望見殘月已掛樹梢，便取出電筒在唧唧蟲鳴中踩著往望月亭的露濕台階，遠望群山已籠罩輕紗，南庄竹東萬家燈火在溫馨眨眼，一鉤皎潔的殘月，在眾星拱照下襯托出凄涼之美。想起古人秉燭夜遊，謫仙李白飛羽觴而醉月的雅興，讓人的思維之舟在空靈中遨遊無邊無際。人說夜是罪惡的淵藪，我倒認為夜是真善美的化身。因為只要你不吝嗇點亮自己的心燈，就能導正眾多的迷悟，照亮你的周圍。難怪詩，是寺中之一言，好詩應有份禪機！

靜夜是迷人的，它濾掉了人心的雜念。我閉上眼睛，不讓遠方閃爍的燈火撥亂了大地這首協奏曲，我忘我地在欣賞陶醉，忽傳來一聲輕微的咳聲，我頓時敏感地想到鬼，可能不高興我冒昧的造訪。我警覺地搜視四週、只見一團白影、朦朦朧朧的往這邊移動，我掣亮手電探照，它本能地以寬大衣袖擋住，證明不是鬼，於是將電光移照在前面的石階上，他不疾不徐地跟著燈光拾級而上，原來是位身著白色衲衣，長髮披肩的女士，我打趣地說：

「妳是神？還是仙啦？」

「先生！不要取笑了，你看一頭長髮，尼姑都當不成，還妄想成佛成仙？」，她一面說一面把前額散亂的頭髮撥往後肩，我刻意地掣亮手電照在她的臉上，天啦！真的嚇我一大跳！她不正是老丁的太太新蘭嗎？她看到我錯愕的樣子感到莫名其妙：

「先生！是不是我醜得嚇倒您！」

「不！不！不！是因為妳太像我一位朋友死去的妻子！」我一面搖手一面以急促的語氣來辯白。

「請問您的那位朋友叫什麼名字呢？」她若無其事地問：

「他叫丁一貴！」

此時她驚訝地口張目瞪望著我，隨即又恢復平靜問：

「請問先生貴姓？」

「噢！敝姓袁，高雄市來的。」

「您見過他妻子嗎！」

「沒見過！但看過相片，妳！眉心的這顆唐朝美人痣予人印象深刻！」

我回話的時候，用了一點心機，故意把妳字加重語氣，目的是肯定下來，使她不要否定。她低下頭在猶豫，心靈在交戰，忽然山洪爆發似的號淘大哭起來，突如其來，一時我也亂了方寸，不知如何去安慰她，我伸出想拍拍她肩膀的手又收了回來，我說：

「哭吧！痛痛快快的哭一場，把久藏心中的悔恨愧疚用眼淚洗掉吧！」

她抽搐地嗚咽飲泣了好一陣子，慢慢恢復平靜，喃喃地問我：

「老丁還好嗎？」

「還不錯，腰桿挺得直直的，只是頭髮全白了。」每天去海邊釣釣魚，也就是妳放衣服鞋子假裝投海的地方，我看他痴痴的望著海的盡頭，人在釣魚，心在想妳！」

「怎麼？老丁他不相信我的死！」

「他很自信妳沒有死。」

「為什麼？」

「很簡單，人死沒見到屍體，他更相信妳沒有自殺的勇氣，因為了解妳軟弱善良的個性」。

「關於我的事，老丁有跟您談過嗎？」

「他只有自責那天不該對妳說那種話，更慚愧沒有好好的照顧妳。絕口不提妳的事。」

「唉！想不到我壞到這種程度老丁還是寵著我縱容我。」她低下頭，又在擦拭淚。

人就是矛盾的動物，自己的糗事不希望旁人知道，但對他人的隱私又極力的打聽挖掘還加油添醋的去渲染。剛才聽到新蘭的話，莫名所以，到底壞到什麼程度？壞的內容，很想知道，但不便啟齒，我只好勸勉說：

「人非聖賢，孰能無過，知過能改，善莫大焉，放下屠刀、立地成佛啊！好多的仙佛都是在徹悟之後才修成正果的，因此能在苦海中回頭的人，愈是難能可貴啊！愈能讓人看到人性的光輝！」

「唉！袁先生，你那裡知道，可以說我是一個十惡不赦的壞女人，為了肉體的享受，為了物慾的虛榮愛慕，在家境最困難的時候，在三個小孩需要照顧的時候，我狠心拋棄他們跟一個壞男人出走已是夠壞的了，後來受到流氓的控制又染上毒癮，被逼得把眷村的房子頂掉，在走投無路的時候，我回到了家裡，但老丁要我去死！我也想去一死百了。老丁說得對，我沒有自殺的勇氣，更想到死了就沒有贖罪的機會了，所以才苟延殘喘的活下來長跪佛前懺悔。」

新蘭毫不隱晦的數落自己一如競選時的政客們揭發政敵的隱私一樣的不留情。她這種坦誠，已經是明心見性了，我趁機開導說：

「妳也不要太自責了，滾滾紅塵，多少人迷失，多少人滅頂，千萬年來地獄不空呀！最可貴的是覺悟啊！」

「我虧欠老丁他們父子太多太多了，今生今世。唉！」

新蘭一聲長長的嘆息之後，不知她今生今世的打算，令人擔憂的是怕又有尋短的念頭，我很生氣的說：

「妳既然知道虧欠他們父子太多，但妳現在有機會有能力去償還，為什存在心中做呆帳呢？不去還給他們呢？難道妳打算虧欠人家一輩子呀，留待下輩子再還嗎？」

新蘭沉默著，四週的虫鳴打破了這片沉靜，我忽然想起母子連心，或許用她的三個兒子驕傲的成就能打動她的心，我不再生氣，緩緩地說：

「妳知不知道，他們三兄弟在美國都得到了博士，並且都已經娶妻生子，事業有成嗎？」

「我知道！報紙曾經整版的報導過這件事，我也難過了好久！」她低下頭在嘆息。

「知道自己的兒子有成就，應該高興才對，為什麼反而難過呢？」

「很簡單，因為自己不配做他們的母親，更沒有高興的資格，他們出人頭地在我內心愈加羞愧，他們若是墮落，我愈是罪孽深重，就好像一盆花，它的枯萎，是因為你沒澆水，若獲得天老爺的垂憐施以雨露而盛開，你那裡有那份栽培的成就感呢？」

「真難啊！兒子成功也內疚，失敗也內疚，妳是作繭自縛嘛，難道妳還不明白，愛的本質就是犧牲就是奉獻、就是恒久的忍耐盼望啊！」

「這道理我懂，也相信他們父子不會計較，問題是自己不能原諒自己，何必掩耳盜鈴，做違心之事呢？我明白袁先生的一番好意，拜託千萬別勉強我。」

她口氣很堅定的說：

「我怎會勉強妳哩，倒是妳自己在勉強自己！」

「何以見得呢？」她急切地反問：

「很簡單，這些年了，尚未剃髮呀！」

她低頭默然，階台露濕，夜涼如水，她摀嘴輕咳，恐怕她著涼，我也哈欠連連，踩著月光拉得長長的身影，回到寺內，互道晚安各自安歇。

今晚特意在寺住宿，目的是貪圖這名勝的月色，要讓這份空靈洗滌一番塵心，能釀造一些靈感，寫它幾首沒有煙火味的小詩，但誰能想到在空靈的夜色中遇到讓人煩的閒事，整日奔波，實在太疲勞了，勉強自己不要去想那麼多，早點入睡，明天一早還得趕頭班車去卓蘭。」

徹夜輾轉反側的睡不穩，因為老丁一直縈繞腦海，時哭時笑。揮之不去，半醒半睡的被早課的鐘聲震醒，天剛麻麻亮，下山又太早，於是下意識地攤開稿紙，向昨夜的那份月色空靈招魂，在此時能寫上幾行超感性的詩句，正在凝神入定的當兒，忽聽到輕輕的敲門聲，原來是新蘭端來早齋，她身著一襲黑色的長道袍，那頭長髮，不露形跡的罩在那頂圓圓的僧帽裡面，把她白皙的臉蛋襯托出一身仙氣，她一面將早餐擺在桌上，一面說著抱歉，昨夜耽誤了我的睡眠也打擾了我的清靜。

我取出名片，背面寫上老丁的電話號碼遞給她說：

「妳打算如何？是要老丁來接妳，還是今天就隨我回去高雄呢？」她愣愣的望著我半晌，稍有氣憤的說：

「袁先生！這是命令嗎？我是否有考慮的餘地？」

「請別誤會，只是一個局外人求好心切而已，但不知妳要考慮多久，時光一逝永不回啊！」

「一年吧！請千萬不要通風報信！讓我靜心思考好嗎？」

我滿口答應走出山門，從此心卻夾在他們的中間。有段不算短的時間，不但腦海中常縈繞著這件事，也刻意不與老丁聯絡，還有幾次他要請我去喝酒，我總是託故迴避！因為他太太新蘭的事，既怕酒後失言，又不願看到他那張孤寂的臉，憋在肚裡好難過啊！

人在等待的心情中，時間的腳步，就好像蝸牛上樹，在等待一個不能確定的答案，我也經常為此在禱告！但願有個圓滿的結果，這只是一個凡人的願望而已！

好不容易一年快過去了，還沒有半點消息，我經常有意無意的去摸摸電話，恐怕沒掛好打不進來，又隔靴搔癢的打電話給老丁以明情況，但每次都是風平浪靜，沒有狀況。

終於在一個梅雨滴答的早晨，獅頭山元光寺打來了電話，想不到竟然不是丁太太，而是住寺，報的不是佳音，而是壞消息，說她發瘋了！我迫不及待的將前後始末告訴老丁，想不到他並未抱怨我的保密功夫，只是淡淡的說：

「這是新蘭最好的結局！」

「你怎麼說這種無情的話呢？」我憤憤不平的說：

「袁先生，難道你沒想到一這是老天爺的慈悲嗎？在未來的歲月裡，她的內心不再有愧疚罪孽的痛苦，另一方面對以往的過與錯，也付出了應付出的代價！」我頓悟上天的奧秘。

「瘋！不是病，是人生的另一種解脫！」

年表

李玉，輩字迪為，主後一九二八年，歲次戊辰重陽節生於湖南省武岡縣蓼溪鄉半山李家（現隸屬洞口縣茶鋪鄉）。祖父鍾英公，曾任前清四川蒼溪縣知事多年，客逝任所；祖母楊氏豫人，伯父鹿鳴、父濟美、母袁氏順姣，生我兄妹五人，長兄迪民、次兄迪劍、大妹柏蓮、次妹梅蓮，吾居其中。

一九三六◎八歲啟蒙，先後從堂叔允成、叔祖香谷，讀四書、瓊林、史鑑等，讀書識字。

一九四〇◎十二歲，廢私塾，進保國民小學，師楊澤民。

一九四二◎十五歲入觀瀾小學，二年高小畢業。

一九四三◎十六歲入毓蘭中學，一年後輟學。

一九四五◎經大姐夫蕭調俊介紹，進入洞口平元鄉公所任鄉丁，辦理苗區戶口清查及催征民伕約半年，因志趣不合離職。

一九四七◎十九歲，改單名—玉，農曆二月廿二日離家，於衡陽考入青年軍二零五師。秋，部隊進駐台灣屏東、嘉義、岡山、臺中等地。

一九四九◎進入陸軍第四軍官訓練班軍士隊第七期，接受孫立人將軍之新軍訓練，大陸情勢逆轉，部隊改編為砲兵第十四團。

一九五〇◎三月一日離開部隊，經鄒少卿介紹投入台灣省保安警察第二總隊，派駐北港糖廠。

一九五四◎二十六歲，六月十八日與北港籍陳月霞小姐結婚。

一九五五◎長女慎芬出生。

一九五七　◎克盡職守，獲頒警察獎章。

一九五八　◎三十歲，次女莒光出生。

一九六〇　◎長子慎政出生。

一九六二　◎三十三歲，在職十年以上，成績優良，獲頒警察獎章。

◎元月初四父濟美逝世，十二月二六日慈母袁氏順姣逝世。

一九六三　◎次子慎德出生。

◎當選模範警察獲頒警察獎章。

一九六四　◎調台南縣車崁糖廠。

一九六六　◎進入台灣省警察學校警員班第二十三期第十九隊受訓，為期一年。

一九六七◎三十九歲，在警校以第一名畢業，操行成績破創校紀錄高達一百零七分，因在校成績優異，特調派駐高雄加工出口區代理小隊長一職。

一九六九◎由台南車崁糖廠虎山宿舍遷入高雄市前鎮區崗山仔自宅。

一九七〇◎勤餘從事寫作投寄「警光月刊」發表，多篇曾獲選入「工作經驗談」單行本中。

一九七一◎調金山核能一廠服務，再調回高雄加工出口區。

一九七三◎警察人員特種考試，行政警察人員乙等考試優等及格。

一九七五◎調楠梓加工出口區中隊部任辦事員。
◎四月六日戒煙，煙齡已三十餘年。

一九八二 ◎五十四歲，十二月二十六日，決志信奉基督與妻同時受洗，由基督教信義會崗山教會周茂盛牧師施洗。

一九八四 ◎榮獲加工區文藝徵文賽小說組第一名；詩歌組第二名。

一九八五 ◎榮獲加工區文藝徵文賽小說組佳作；詩歌組第二名；散文組第二名。

◎經高雄市書法學會理事長劉百鈞先生介紹加入青溪新文藝學會。

◎經同事杜志文介紹，加入高雄市攝影協會。

一九八六 ◎榮獲加工出口區文藝徵文賽散文組第一名；小說組第二名。

◎經楊　濤先生介紹，加入中國文藝協會南部分會。

◎榮獲加工區十三屆攝影比賽銅牌。

◎榮獲高雄市攝影學會冬季杯銅牌。

◎榮獲加工出口區十四屆攝影比賽銅牌。

一九八七 ◎十月一日退休。

◎榮獲青溪新文藝金環獎—民俗相聲銅環獎。

◎榮獲第四屆警光藝苑攝影比賽銅牌。

一九八八 ◎榮獲青溪新文藝金環獎—民俗相聲銀環獎。

◎榮獲高雄市觀光節攝影比賽優選。

一九八九 ◎六十一歲，長外孫女安妮出生。

◎榮獲高雄市生命線協會二十週年攝影賽銅牌。

◎榮獲青溪新文藝金環獎—民俗相聲金環獎。

◎榮獲台灣省第一屆金輪獎攝影組佳作。

◎榮獲台灣省第三屆主席杯攝影賽優選。

一九九〇 ◎長孫惠平出生。

◎榮獲加工區文藝徵文賽小說組第一名；詩歌組佳作；散

文組佳作。

◎榮獲高雄市社教館舉辦「美化人生」攝影賽佳作。

◎榮獲青溪新文藝學會金環獎—民俗相聲銅環獎。

◎榮任高雄市攝影學會會刊主編並當選監事。

◎榮獲加工出口區第十七屆攝影比賽金牌。

一九九一　◎六十三歲，次孫惠群出生。

◎榮獲加工出口區文藝徵文賽詩歌組第一名；小說組第二名；散文組第二名。

◎榮獲高雄市文藝學會舉辦—迎向九零年代短篇小說佳。

◎榮獲高雄市政府舉辦「高雄之美」攝影賽銀牌。

◎榮獲高雄市攝影學會「專題攝影比賽」銅牌。

◎榮獲今日彩色沖印公司舉辦龍舟攝影比賽銅牌。

◎榮獲青溪新文藝金環獎—短篇小說銅環獎。

◎榮獲鳳青攝影學會舉辦歡樂杯攝影賽優選。

一九九二　◎二月十六日，長子慎政按立為台北市外雙溪基督教浸信會慈光堂牧師。

◎高雄市政府新聞處主辦「美哉高雄—名家有約」忝列邀請。

◎當選高雄市青溪新文藝學會理事。

一九九三 ◎次外孫女珍妮出生。

◎文建會暨高雄市文化中心舉辦「阿里山文藝營」學員極短篇徵文比賽獲佳作。

◎當選高雄市攝影學會常務監事兼主編。

◎九月十一日赴大陸探親。

一九九四 ◎榮獲加工出口區文藝徵文比賽小說組第三名。

◎榮獲青溪新文藝金環獎—民俗相聲銅環獎。

◎榮獲國軍新文藝金像獎—民俗相聲佳作。

一九九五 ◎榮獲加工出口區文藝徵文賽小說組第二名。

◎應聘為大高雄時報採訪副主任。

◎當選港都文藝學會首任理事。
◎榮獲青溪新文藝金環獎民俗相聲佳作獎。
◎榮任基督教信義會崗山教會慶祝立會廿週年史料展覽暨編輯組長。

一九九六 ◎五月廿六日當選中國文藝協會南部分會監事。
◎六月一日當選高雄市青溪文藝學會理事。
◎榮獲加工區第廿屆徵文比賽詩歌組第一名。

一九九七 ◎三月廿日至卅一日赴歐洲旅遊，英國倫敦、比利時布魯塞爾、德國海德堡、荷蘭阿姆斯特丹、瑞士蘇黎世、法國巴黎。
◎五月九日至十二日金門之旅。
◎六月加工出口區第廿一屆徵文，榮獲詩歌組第一名。
◎七月卅一日至八月十一日高雄大海洋詩社應華中師大之邀，訪問三峽學院、荊州師專、西安師大、北京檢察日報，並參觀各地名勝古蹟，及遊覽長江三峽。

◎七月卅一日，次子慎德考取文化大學政研所博士班。
◎十二月榮獲青溪新文藝民俗相聲銀環獎。
◎十二月首著「心弦詩集」榮獲高雄市文化基金會獎助出版。
◎十二月蟬聯高雄市文藝協會監事。

一九九八

◎二月榮獲高雄市青溪新文藝學會頒發「優秀會員」獎。
◎三月再度擔任高雄市攝影學會會刊主編。
◎三月十五日當選基督教信義會崗山教會第七任長老。
◎四月參孫惠恩出生。
◎四月榮列高雄市作家檔案。
◎六月十日當選高雄市青溪新文藝學會第七任常務理事。
◎七月五當選高雄市中國文藝學會首任理事。
◎七月榮列「世界華人文學藝術界名人錄」第一冊388名。
◎九月廿三日至十月二日隨高雄市文藝協會應中國作家協會之邀，訪問北京、瀋陽、南京、揚州、杭州各地名勝古蹟。
◎十一月次子慎德、蕙榕夫婦一同受洗歸入耶穌基督名下。
◎十二月「走過的歲月」小說集榮獲高雄市文化基金會獎助

出版。

◎十二月榮獲青溪文藝金環獎——民俗相聲類佳作獎，作品「代平洋」。

◎攝影作品「車鼓之舞」入選八十八年高雄市藝術家聯展。